假如二二得五

When 2 + 2 = 5 ?
Reflecting Love in a Loveless World

肯尼斯・霍布尼克博士（Kenneth Wapnick, Ph. D.）◎著

王詩萌　若水◎合譯

《奇蹟課程》國際通用章節代碼

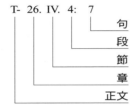

```
T- 26. IV. 4: 7
              ├─ 句
           ├──── 段
        ├─────── 節
     ├────────── 章
  ├───────────── 正文
```

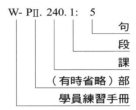

```
W- PⅡ. 240. 1: 5
                 ├─ 句
              ├──── 段
           ├─────── 課
     ├───────────── （有時省略）部
  ├──────────────── 學員練習手冊
```

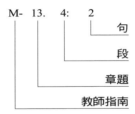

```
M- 13. 4: 2
           ├─ 句
        ├──── 段
     ├─────── 章題
  ├────────── 教師指南
```

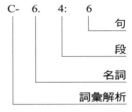

```
C- 6. 4: 6
          ├─ 句
       ├──── 段
    ├─────── 名詞
 ├────────── 詞彙解析
```

T → 正文
W → 學員練習手冊
M → 教師指南
C → 詞彙解析
P → 心理治療──目的、過程與行業
S → 頌禱──祈禱、寬恕與療癒

目　次

寫在「肯恩實修系列」之前

若水

（一）

《奇蹟課程》的筆錄者海倫與此書的愛恨情結，已是眾所周知的事。因她深曉這套訊息的終極要旨，也明白自己一旦接納了這一思想體系，她的小我，連帶積怨已深的怒氣，就再也沒有存活的餘地了。因此《奇蹟課程》出現一個很怪異的現象，它的筆錄者千方百計想與它劃清界線，直到肯恩（肯尼斯）的出現，才把海倫又拉回《奇蹟課程》的身邊。

肯恩是海倫與比爾的密友，由於互動頻繁，比爾乾脆在辦公室為肯恩添置一張辦公桌，可見他們交往之密。

肯恩一接觸《奇蹟課程》，如獲至寶，他反覆地研讀，凡遇不明處，必一一請教海倫。他深覺這份龐大的資料，有重新編校的必要，因它不僅夾雜著私人的

對話，許多章節標題與內文也不相符，全書的體例和格式，如標點、大小寫、段落等等，乃至於專門術語的用詞，每每前後不一。比爾與海倫也深有此感，只是比爾生性不喜校訂工作的繁瑣，這工程便落在海倫與肯恩身上。主事者自然是海倫，即使是大小寫的選擇，或詞句的還原（海倫筆錄的初期曾故意改掉她不喜歡的詞彙，但她也很清楚自己擅自改動的部分），都有待海倫與「那聲音」確認後才能定案。

（二）

比爾曾說，海倫筆錄時的心態有顯著的「解離症狀」（dissociation），她內心的「正念」部分十分清楚「那聲音」所傳授的訊息，筆錄內容才會如此純正，不夾雜個人的好惡傾向（當然，除了她早期的抵制手法以外），但她的「妄念」部分也堅守防線，且以各種奇怪的方式，不允許自己學習這套《課程》。肯恩在海倫的傳記中提到當時的有趣情景：

> 我們常常窩在她家客廳的沙發上進行校訂，海
> 倫總有辦法陷入昏睡，每當討論到一半時，我

向左邊一瞧，海倫已經倒在沙發的另一角了，她一向警覺的大眼睛閉得緊緊的。在她陷入昏睡前，她還會哈欠連連，下頷骨開開合合，頻繁到讓她說不出話來。又有好幾次校訂時，她開始咳嗽，咳得又兇又急，喉嚨好似有什麼異物，想吐卻吐不出來。碰到這類情形，海倫就會放聲大笑，笑得眼淚都流出來，她很清楚這是小我的抗拒。我們就在哭哭笑笑、咳嗽哈欠的交響樂中繼續修訂的工作。（暫別永福/暫譯 P.361）

海倫的心靈，在某一層次，當然了解那聲音所傳的訊息，但她的小我真的不想知道。她偶爾會這樣向肯恩要賴：

在校訂過程中，每隔一陣子，海倫就會故意裝傻。當我們唸完一段比較艱深的文句後，海倫就會大笑，聲稱她完全不懂這一段話究竟在講什麼。我只好一句一句地解釋，我突然發覺自己落入一種相當荒謬的處境：我竟然在向一位心裡其實比任何人都清楚這部《課程》的

人解釋此書的深意。**而我講解《奇蹟課程》的生涯，可說是從這一刻開始的**。（暫別永福 P.361）

自這一刻起，肯恩開始了他講授《奇蹟課程》的生涯，四十年如一日，同一形式，同一內涵，同一個小小基金會，從無擴張之圖，更無意行腳天下，他只是默默地履行他對耶穌的許諾。

由於早期的奇蹟學員多數都有自己的專業或信仰，他們往往習慣把《奇蹟課程》融入個人本有的思想體系。唯有肯恩，毫不妥協地堅守《奇蹟課程》最純淨且究竟的理念，修正當時所流行的各種詮釋；於此，他實有不得已的苦衷。因為海倫當年認為，這套思想體系如此究竟又絕對，可說是推翻了一切人間幻相，根本不適合大眾閱讀；在她心目中，此書只是給他們五六個人的。沒想到，此書一到了裘麗（Judy Whitson）手中，就如野火一般，瞬即燃燒出去。海倫曾跟裘麗說：「**這部書將來會被傳誦、解說成令你簡直辨認不出這是《奇蹟課程》的地步。**」為此，那批元老曾想成立「死硬派核心團體」（hard core group），忠實傳達《奇蹟課程》

的核心理念，絕不為了迎合大眾的需求而將它摻水、軟化，任它淪為人人都能接受的「方便法門」。然而，海倫本人從心底害怕這套思想體系，比爾當時又有個人的難言之隱，兩人都拒絕扮演奇蹟教師或專家的角色；最後，肩起這一重任的，唯獨肯恩。

（三）

肯恩的教學特色就是「用《奇蹟課程》的話來詮釋《奇蹟課程》」。他最多只會引用自己喜愛的佛洛伊德、尼采、貝多芬作為開講的楔子，一進入理念的層次，就全部引用原書作為實證。不論學員問哪一層次的問題，他只有一個答覆，就是「**讓我們看看《奇蹟課程》是怎麼說的**」，基於他博聞強記的能力，他會隨口告訴你，「**請翻看第幾頁第幾段**」。

肯恩從小就有口吃的毛病，然而他絲毫不受語言的障礙，謙和而誠懇地從三十多歲的青年講到如今的白髮蒼蒼，終於折服了各據山頭的奇蹟群雄，成為眾所公認的奇蹟泰斗。

綜觀肯恩的學說，四十年來反覆闡述的，其實只有

這一套理念：

——問題不在外面！金錢不是問題，性慾也不是問題，你的親子關係或親密關係更不是問題，因為你眼中的世界根本就不是真的，只是你編織的夢境而已。

——過去的創傷不是問題，未來的憂懼也不是問題，因為時間根本就不存在，那是小我向你心靈撒下的瞞天過海的大網。

——你若一味向外尋求答案，或把問題推到過去未來，你便徹底錯失了此生的目的。但請記住，這不是罪，你只是「懂錯了」，你最多只會為它多受一些無謂之苦而已。

肯恩的解決之道也說不上是什麼「妙」法，他只是藉由不同事例而重申《奇蹟課程》：「觀看、等待、不評判」的原則。

——只要我們不再害怕面對自己內在的兇手（小我），以耶穌的慈愛眼光諒解小我「不得已」的苦衷，便不難看清它的防衛措施下面所隱藏的真相。於是，作繭自縛、自虐自苦的傾向自然鬆解，我們便有了「重新

選擇」的餘地。

——然而，很少人真有勇氣面對自己隱藏在無辜面容背後的兇手，這是人們最難跨越的心障。

肯恩花了整整四十年的光陰，就是教我們如何去「看」而已。這一道理雖然不難明白，但人心豈肯僅僅「觀看、等待、不評判」！這一解決方案可說是把小我逼入了絕路，它是寧受百千萬劫之苦也無法接受這種「出路」的。為此，肯恩繼續苦口婆心地講下去，直到有一天，我們豁然領悟，《奇蹟課程》的奇蹟原來是在「寧靜無作」中生出的。

（四）

正因肯恩學說毫不妥協的精神與一成不變的形式，過去這些年，奇蹟資訊中心也不敢貿然出版他的書。於是，我先嘗試以研習的方式，把他的思想架構圖介紹給學員，再逐步出版一些導讀與傳奇故事，為肯恩的書籍鋪路。在這同時，我也展開培訓奇蹟譯者的計畫，從肯恩的簡短問答下手，讓資深學員熟悉他的邏輯理念與風格，「奇蹟課程中文網站」的內涵也因此而更加充實齊

備。經過多年的準備，奇蹟讀者終於食髓知味，期待讀到肯恩書籍的呼聲也愈來愈高了。

而，我們也準備好了。

肯恩將他所有書籍的中文版權都託付給我與奇蹟資訊中心，我們也兢兢業業地肩起他的託付，我逐步邀請學養兼備的奇蹟學員與我攜手合作，藉由翻譯的機會（形式），學習寬恕（內涵），在相互修正的微妙互動中，化解小我視為命根子的特殊性。我們只有一個「共通的理想」，就是把原本只是演講的記錄，提升為精確又流暢的中文作品。而我敢驕傲地說，我們做到了，譯文的文字水平甚至超過了原書。

我常說，當學生準備好時，老師便出現了。在此感謝所有華文譯者與讀者，是你們多年來在自己心靈上的耕耘，促成了這套「肯恩實修系列」的問世因緣，使奇蹟理念得以以它最純粹、最直接，也最具體的形式呈現在我們的眼前。

（若水誌於星塵軒 2012.5）

前　言

　　時值2005年8月，我在「奇蹟課程基金會」帶領一場全天候的研習，主題為「假如 2 + 2 = 5」，本書的全部內容就取材於這次的研習。「2 + 2 = 5」，這個看似出格的說法，來自杜思妥也夫斯基的著作《地下室手記》，它的背景因緣我會在本書「導言」加以詳述。整場研習以這道數學算式的寓意作為理論架構，深入探討世界與聖靈運作法則的區別：前者立足在肉體層面的差異性，後者則完全奠基於心靈層面的同一性。如果我們能將焦點由肉身的認同轉向心靈，便足以治癒分裂的信念——最先療癒的是人我分裂，最終則是天人分裂。耶穌溫柔地引領我們走出基於差異性（2 + 2 = 4）的外在世界，進入基於同一性（2 + 2 = 5）的內心世界；從充滿仇恨的滾滾紅塵，回歸洋溢著寬恕的心靈之境。這正是一體大愛在人間的倒影，而那個 1 + 1 = 1 的大愛境界，就是我們真正的家園。

　　依循「奇蹟課程實修系列」〔譯註〕的編輯慣例，為了提高書籍的可讀性，我們將原先的演講內容重新整理編輯，同時也保持了現場輕鬆的互動氣氛。研習現場的一些問答，也經過了同樣細心的編輯，收錄於本書當中。另外追加了〈燈塔通訊〉（奇蹟課程基金會的季刊）次年刊登的一篇同主題文章，作為本書的「附錄」。

〔譯註〕「奇蹟課程實修系列」，由奇蹟資訊中心陸續翻譯出版之中，命名為「肯恩實修系列」。

誌　謝

　　我常在這套實修系列的「小書」之前，對奇蹟課程基金會出版主任羅玫莉（Rosemarie LoSasso）女士，和內人葛洛莉表達我由衷感激與讚美之情。這套實修系列的內容旨意，涵蓋了我一生各類型的著作，多虧她倆全心全力的奉獻，這套書籍才有問世的可能。我不想重複讚美之詞，但仍忍不住要感謝羅玫莉，她以精湛的編輯功力，將歷次研習的內容熔鑄為文氣連貫、易於閱讀的書本。同時，還要感謝葛洛莉出版這些「小書」的創意，而且在我這個慢郎中踟躕拖拉之際，不斷從旁督促。感謝她三十多年來的愛護與陪伴。

1 導言：杜氏的「地下室人」

　　這是我第二次以此作為演講和研習的題目了。還記得，第一次是在六十年代末，當時我有個朋友在帶教育學的碩士班，她得知我正主持一項學校有關情緒失調兒童的研究計畫，便邀請我到她班上演講。我答應了，選的題目正是「2＋2＝5」。那天究竟說過什麼，如今已沒什麼印象了，但記得曾在演講中強調，我們不僅該教導孩子 2＋2＝4，更應該啟發他們去突破定式的思維，學會從 2＋2＝5 的視角看世界。那時，我深深感到盡早開發兒童的創造力乃是教育制度的當務之急。

　　2＋2＝5 的說法並非由我首創，我是在費奧多爾‧杜思妥也夫斯基刻畫入微的著名小說《地下室手記》中讀到的。眾所周知，杜思妥也夫斯基是十九世紀末期的俄國小說家，同時期的知名作家還有托爾斯泰──那個時代造就了兩位俄國的文學巨匠，實在非同凡響！這本《地下室手記》創作於1864年，是杜氏一

舉成名的作品，深深影響了當代世界，啟發了二十世紀的存在主義文學思潮。這類文學作品的主人公都是存在主義者，他們往往觸感敏銳，思維精深，不僅懷疑自身存在的意義，同時察覺到這個世界大有問題。《地下室手記》的無名氏主人公「地下室人」，便是這麼一號人物。

《地下室手記》以日記形式描述一位精神失常的怪人所持的世界觀和社會觀。作者用「地下室」一詞，一方面象徵反社會的叛逆態度，另一方面則喻指人心的暗室，也就是佛洛伊德後來所定義的「潛意識」。這位精神分析之父，極其敬重杜思妥也夫斯基，甚至覺得杜氏對人心的洞察遠在自己之上。「地下室」就是佛洛伊德所謂的「水庫」（reservoir），裡頭儲存著種種不見容於社會的感受和想法。除了佛洛伊德，尼采對杜氏這位偉大的小說家也深感欽佩。

這本小說內容分為兩部分，第一部分是地下室人對社會的攻擊謾罵，第二部分則帶領讀者回顧他十五年以前的經歷——那期間發生了一個關鍵事件，他遇見一位妓女，心生拯救之意，便把她帶回公寓。孰料，這名妓女比他還有骨氣，言談舉止也極為自重。他們兩人雖然

沒發生性關係，地下室人仍有意付錢，可是這位女士堅持不收。小說到此就結束了。可以說，我們這位主角，心理扭曲，舉止瘋癲，連個正常人都算不上，更別提什麼靈性美德了，然而他對世事的洞察，卻頗為犀利。

杜氏寫作此書時，心態相當悲觀。他深知世界走的是一條死胡同，卻又不知道是否存在其他的出路。他的另一部傑作《白癡》，主人公是一位患有癲癇症的公爵，正因為患有短暫性精神障礙，故名「白癡」。雖然言行瘋瘋癲癲，卻具有基督的胸懷。故事最後以謀殺、瘋狂、背叛的悲慘結局告終。我在很多年前讀到這本書，假如沒記錯，故事的主旨是：世界尚未準備好迎接耶穌這樣的人，只要看看世界如何對待仁愛純潔之人就夠了！杜氏感到，耶穌才是世界的終極答案，問題是，世界尚未能接受他要傳遞的訊息，所以教會當年不得不把耶穌的真面目和真訊息隱藏起來，才能夠蓬勃發展。這個議題，容後再談。

杜氏最初是一名相當激進的社會主義者。後來遭到逮捕，甚至判處死刑，所幸最終得以減刑。他感到社會根本提不出救世良方，於是轉而反對社會主義。他對俄國的社會百態非常不滿，深感國家積重難返，任何理性

手段都無濟於事。這正是《地下室手記》要傳達的一大主題。地下室人常常語無倫次地發表「高論」，抱怨世界只會死守 2＋2＝4 的邏輯，簡直瘋狂無稽到了極點。透過這個觀點，杜氏真正想說的是：遵從理性、循規蹈矩，無異於禁錮人性，扼殺了真正的自由。從這種角度來講，地下室人可謂是當代文學中第一個存在主義英雄〔原註〕，對後世的影響，非一般書籍可以比肩。

【補充說明】

　　將近五十年後重讀此書，才發現杜氏原本的說法是「**2×2＝4**」。固然如此，鑒於本人慣用了多年「**2＋2＝4**」的說法，接下來引用杜氏述及 2×2＝4 的段落時，仍將繼續沿用我個人的說法。其實，箇中的深意都是一樣的。

〔原註〕一般公認祁克果是存在主義之父，而《地下室手記》是第一部以存在主義者為主人公的小說。

2 《地下室手記》重點文摘

　　大家讀過下面摘錄的片段以後，便知道杜氏有多愛用 2＋2＝4 的說法，來比喻人間的運作規律和法則，藉此痛斥世俗法則抑制了人的創造力和感受。下面的文摘中，地下室人大談自然法則，也就是自然科學和數學所歸納出的各種原理。他說道：

> 「你就老老實實接受〔世界的〕事實吧！反正你也沒別的辦法，2＋2＝4 是顛撲不破的數學真理，你能拿它怎麼辦？」

接著，他對此大加嘲諷。

世人會衝著你嚷嚷說：「唉呀，你就別鬧彆扭啦，2＋2＝4 是真理，自然界不需徵求你的首肯，它才不管你有什麼想法、同不同意它的法則呢，你根本拿它沒轍，所以它作出的結論，你也必須照單全收。牆，就是牆，別的事

也一樣。」這是什麼話嘛！我為什麼要管自然規律跟數學原理呢？要是我壓根就瞧不上自然規律和 $2+2=4$ 的原理，倘若沒那兩下子，當然不會用腦門去撞這道牆。話說回來，即使我沒本事撞倒那道牆，也不表示我就得向它俯首稱臣。

顯然，我們這位「英雄」是在昭告天下：「犯不著你來告訴我什麼能做、什麼不能做。縱有石牆當道，我照樣隨心所欲。」

難道石牆為我們守住了 $2+2=4$ 的世界，就能安撫人心嗎？荒謬至極！

幾頁之後，他又說：

你還會劈頭蓋臉地說，誰也沒剝奪我的個人意志，只是好心幫我找個出路，讓我的自由意志能夠跟我的日常利益、跟自然法則、跟數學規律和平共存罷了。

說白了，就是要做個乖乖聽話的好孩子。

各位啊，這就怪了！如果一切都得照著乘法表

和算數法則來運作，談何自由意志？不論我願不願意，二二必須得四。這算哪門子自由意志！

言下之意是：「如果我的生命被世界法則限制得死死的，我還哪有什麼自由可言？」

接下來這幾句，可能是全部的文摘中最有分量的一段話了：

誰知道呢，也許人在世上孜孜以求的，無非就是不斷追尋的這個過程而已。說穿了，人其實不奢望什麼結果，只求這麼活著。這能活出什麼名堂，不就是活出個 2 ＋ 2 ＝ 4 嗎？那不過是既定公式罷了。更何況，各位要明白，2 ＋ 2 ＝ 4 已經稱不上是生活，根本是在迎向死亡。

這位地下室人的觀點跟《奇蹟課程》的世界觀可謂若合符節：世界奉為圭臬的運作法則，其實屬於死亡的法則。

至少可以這樣說：我們暗地裡很怕這個 2 ＋ 2 ＝ 4 的世界，即便現在，我都直打冷顫。

它之所以令人膽戰心驚，是因為它宣告了我們的死亡，終結了我之為我的存在本質。

或許人這一生，追求的不外乎 2＋2＝4 的世界，為此不惜翻山越嶺，付出一生的代價。可是，他又有點害怕自己真的找到，那樣就不得不面對事情的真相。他暗中明白，一旦找到了，就再也沒什麼值得追尋的了。

誠如〈練習手冊〉所言，「眼前的世界沒有我真正想要的東西」（W-128），縱然我有一天自以為如願以償了，終究還是會發現，那不過是空歡喜一場，這才是我們最怕的，杜氏真正想要告訴我們的就是這一點。

人有一種奇怪的現象，當他實現心中的目標時，反倒顯得焦慮不安。他寧可尋尋覓覓，卻不那麼喜歡如願以償，真可笑。總之，人的天性滑稽透頂。說到底，2＋2＝4 其實是人心不能承受之痛，根本在侮辱人性。說得更白一點，2＋2＝4 彷彿是一個目中無人的小子，趾高氣昂地擋在路中，迎面啐你一臉。

杜氏藉此揭示，世界其實一直在玩弄我們，背後的

始作俑者，眾所周知，正是存在每個人心中的小我。它不但把自己那套分裂思想推銷給我們，還據此營造出大千世界和自己那套「自然」法則，哄騙我們相信一切都是天經地義的現實。

我承認，2＋2＝4 也挺有用的，但平心而論，2＋2＝5，有時不是更加妙不可言嗎？

回到杜氏的基本主張：唯獨 2＋2＝5 **才能**化腐朽為神奇。洞悉世事的他，深知世界已無藥可救，誰要是妄圖改善世界，相信自己大有可為，不過是癡人說夢。杜氏在青年時代，還相當熱中透過政治途徑救國救民，經常在文章中宣說此道。然而，他漸漸放棄了這一理想，只因他明白，政治和社會改革解決不了真正的問題。最耐人尋味的是，到了晚年，杜氏竟成了基督徒，只不過，他非常討厭教會，這種心態在《卡拉馬助夫兄弟們》「宗教大法官」一幕表現得淋漓盡致。他認為，人要獲得救贖，只需接受耶穌的愛，無需借助於傳統教會，那幫道貌岸然的宗教人士令他作嘔。他強調人類的答案在於自身的內心生活，而不是外在世界。只不過，他的《地下室手記》完成於中壯之年，故書中也尚未出現這一觀點。

　　回想上述的重點文摘，就無怪乎杜氏嘲笑俄國人改善世界，尤其是俄國社會的種種舉措了，那些救世方案全都忽略了地下室的存在（總算明白佛洛伊德為何那麼欣賞他了吧），無不囿於「二二相加必會得四」的邏輯，把人世的現狀看得那般天經地義。杜氏卻認為，唯有先打破這個等式，看清此路不通以後，真正的自由才會到來。就像《奇蹟課程》告訴我們的，世上的一切只是一場騙局，知見本身最會歪曲事實。「沒有比只看外表的知見更盲目的了」（T-22.III.6:7），因為在「正知見」中，真相是 $2+2=5$。

3 唯一真實的等式

　　現在，本次研習的謎底就要揭曉了：只有一個數學算式足以反映出真相的運作規律，那便是 1 + 1 = 1。這正是耶穌在〈正文〉中提出的觀念：「結合為一的一體生命。」（T-25.I.7:1）也就是說，上主加上基督等於一個共同的自性，這才是天地間唯一的真相。人間的算術乃是小我的發明，上主只知道「一」。既然一切都是「**一**」，便沒什麼好計算的，算術、數學、微積分，頓失用武之地。上主和祂完美一體的生命，只有「一」的真知。小我卻精神錯亂地以為分裂已經發生，聲稱 1 + 1 = 2，上主加上祂的聖子等於兩個生命；既然是兩個生命，表示彼此一定是分裂的。然而《奇蹟課程》告訴我們，分裂從未發生過，天堂的實相依然是 1 + 1 = 1。〈練習手冊〉說得好：「*你絕對找不到天父的盡頭以及聖子獨立出去的那一點。*」（W-132.12:4）在天堂之境，上主與基督並非兩個不同的生命，而是浸潤在上主

圓滿聖愛中的完美一體生命。

在小我眼中，聖子已經從生命之源分裂出去，另外創立了自己的生命，跟造物主分庭抗禮，造成**兩個生命**對峙的局面。正是由於這**小小的瘋狂念頭**被當了真，才導致分裂的局面，拉開了幻夢的帷幕。如今，人人心裡都以為上主是上主，我是我，兩者是不同的生命。我既然已跟上主分裂，那麼與我分裂的上主便不可能是創造我生命的真神。然而真相是，**觀念離不開它的源頭**：上主之子（基督）所代表的聖念，始終與造物主的源頭一體不分。

問題是，一旦相信生命法則變成了 1 ＋ 1 ＝ 2，無異於承認我們已經跟上主分裂了，而這個能跟人分裂的神，只會是小我捏造的假神。為此，小我不能不編織出一部罪、咎、懼的恐怖劇情，聲稱我們另立門戶以後，上主勃然大怒，決心血債血償，讓我們死無葬身之地。就這樣，1 ＋ 1 ＝ 2 的小小瘋狂一念，被小我拿去大做文章，投射出一個充滿分裂的世界。於是乎，1 ＋ 1 ＝ 2 的世界，滋生出 2 ＋ 2 ＝ 4 的運作法則，繼而發展出 4 ＋ 4 ＝ 8，以此類推，構成各式各樣的排列組合；算術、高等數學，各門類的科學，乃至整個世界，就這麼

一步步推衍而來。最終，1＋1＝2 的運作模式，營造出世間形形色色的身體，每具身體還長了一顆只懂 2＋2＝4 的大腦，從此，整個宇宙都受制於世界和身體那套運作法則了。

我們稍後會討論第七十六課「我只受上主天律的管轄」，這一課可謂〈練習手冊〉最常受到誤解的一課。耶穌在課文中調侃了我們那些「金科玉律」，那些「該」與「不該」，包括人際、醫療、養生、金錢的法則，不一而足。《奇蹟課程》很少這麼露骨地取笑世人所看重的「一疊疊鈔票以及一堆堆銅板」（W-76.3:2；T-27.VIII.2:2），說我們竟然相信吃「一粒小藥丸」，或把一些液體注射到血管裡，便足以「防止疾病與死亡」（W-76.3:3）。不僅如此，連天人之間，我們都制訂了法則，在世間打造出正統宗教，針對天人關係、人我關係，甚至人與身體的關係，設定了一整套是非對錯的評判標準。這正是地下室人所痛斥的現象，他雖然稱不上杜氏思想的代言人，卻道出了杜氏的一個觀點：這整個世界以及世俗的思維，根本大有問題！

杜氏跟耶穌的用意一樣，就是要我們明白：人生在世，不能不守 2＋2＝4 的遊戲規則，日子才過得下

去，但也必須認清這一法則的荒謬之處，知道 2＋2＝
5 是怎麼回事，這甚至比掌握 2＋2＝4 還重要。「我只
受上主天律的管轄」這一課不僅遭人誤解，有時還會導
致不幸的後果，就因為耶穌說，世人奉為神聖不可侵犯
的人間法則都是人為編造出來的，學員便誤以為自己可
以為所欲為，連看醫生或者鎖門都可以免了，吃什麼、
跟誰上床、對神有何態度，全都無所謂，儘管任意張
狂，橫豎世間的規矩章法都不足憑！

　　想當年，正是這一課的緣故，讓我覺得不能不出面
解釋「層次一」與「層次二」的問題。尤其是《奇蹟
課程》剛出版那幾年，我的教學重點就是釐清這兩個
層次的混淆問題。層次一即是《課程》的形上層次，第
七十六課說過，這一層次僅有真假虛實之分，**只守**真愛
與一體的天律，其餘皆屬弄虛作假。於是乎，人們又把
它當成了為所欲為的通行證，以人間規則全部不具後果
為由，不惜違反身體與世界的規則；又或者乾脆否認身
體和世界，禁慾苦修，克己犧牲，理由是：既然世上一
切都是虛幻的，而身體更是罪咎信念所投射出來的，因
此受苦是應該的，沒有享樂的道理。然而，這些恰恰跟
《課程》的教誨背道而馳。

在第一百五十五課「我要退讓下來，讓祂指引前程」中，耶穌點出了這兩條極端路線之間的中庸之道。第一條極端路線，放浪形骸，以身試法，企圖證明世界只是幻夢一場。第二條極端路線則反向而行，但求消極避世，只因萬事萬物以及世間的想法跟感受不僅虛幻，而且是歹惡的，只會強化我們的分裂信念，所以，任何享受，不論來自食物、性愛，還是名車美宅，都是有害的。在這兩種極端之間，耶穌為我們指出一條中間路線。若要走這條路，一邊得掌握人間 $2+2=4$ 的生存之道，同時還得領悟 $2+2=5$ 的道理，如此，方能從夢中覺醒。接下來的討論中，我們會反覆回到這個重要的主題。

4 從「世上」探入「地下」

　　根據剛才的討論，我們知道，只有先學習 $2＋2＝$ 4 的人間法則，懂得了箇中的善巧方便並且悠遊其中以後，方能再求 $2＋2＝5$ 的真相。在這過程中，無需打破人間的規則，只要不受它限制就行了，這正是奇蹟理念與其他路線大異其趣之處。絕非刻意去反其道而行，才能證明世間法則的荒誕，那就跟青少年的叛逆行為沒有兩樣了。我們應該學習的是如何在這些法則之下過日子，不是因為這些法則有多好或是多真，只是我們已經活在肉身中了，身體自然就成為我們人生的課堂。

　　在物質世界的課堂中，學習不受世界和身體左右，是相當重要的功課。表面上，我們活得好似 $2＋2$ 真的等於 4，心裡卻明白，得數其實是 5。以此作為跳板，才可能進一步邁向最終的等式：$1＋1＝1$。但在這之前，必須先學會 $2＋2＝4$ 的運作法則，看穿這一等式所代表的意義。

身體，原是為了限制愛才打造出來的（T-18.
VIII.1）；世界，也是為了攻擊上主聖愛而打造出來的
（W-PII.三.2:1）。換言之，身體和世界，都是為了將愛
驅逐於心外才形成的。對此，《奇蹟課程》提出一個非
常重要的觀念：身體雖然原本是罪的象徵，但就在我們
相信自己是活在世上的肉身之際，它同時也成了中性的
教室（W-294）；教室裡有兩位老師，分別教授自己的
一套課程。小我老師會教我們如何把分裂當真，然後再
讓別人背黑鍋；耶穌老師則會教我們在世界的教室裡認
清它的虛幻本質。身體無所謂好壞，世界也無所謂好
壞，不過是人生的課堂，將我們由世界領回心靈的教學
工具罷了。套用杜氏的話來說，就是由表層世界進入地
下室；借用佛洛伊德的術語，就是從世界抽身，進入潛
意識裡的小我。這小我即是《課程》所謂心靈抵制潛意
識中聖靈之愛（救贖原則）的那一套思想機制。

為此，我們反而應該感謝世界。因為，在這個人
間，只要我們的思維受小我囚禁一天，就會一天無路可
走，直到我們終於決定淘汰這位老師為止。新老師則會
幫我們看清，真正的問題不在世界，也不在它 2＋2＝
4 的法則。就這一點而言，杜氏的看法還不夠深入，因

為世界那些法則與規定都不是問題的根源。真正的問題，就出在我們抵死不肯承認自己相信了小我的核心法則 1＋1＝2，因而認為分裂已經成真：上主是上主，聖子是聖子，兩者是不同的存在體，問題就出在這兒！然而，如果我們繼續攻擊或一味否定 2＋2＝4 的法則，與它糾纏個沒完，便不可能超越這一層次，看清它不過是 1＋1＝2 投射的產物而已。由此觀之，歸鄉之旅，還真少不了人世這段路程，誠如佛洛伊德的那句名言：「世界是出離地獄、回歸天堂的康莊大道。」

有一點，杜氏倒是說得相當中肯：倘若把焦點放在補救世界上，無異於竹籃打水。試問，我們究竟在救什麼？救一個莫須有之物，救一個不成問題的問題。他當然沒說得這麼直白，但他確實指出，我們一旦把心思放在世界，以打造人間的「水晶宮」為榮，就等於將自己之所以為人的存在本質打入了冷宮。水晶宮的比喻是有一段歷史背景的，當年，它在英國象徵「建造人間美景、創造世界奇蹟」的新思潮。杜氏卻認為，如此只會否定了人的存在本質。

以《奇蹟課程》的觀點來說，把心力放在世界上，就表示我們存心隱藏潛意識否認心靈的企圖。我們最

怕「自己原來是心靈」這一真相，它會撤銷我們對小我的信任，令小我當場魂飛魄散。也就是說，我們怕的不是 $2+2=4$，而是 $1+1=2$，因為它已是 $1+1=1$ 的最後一道屏障，而 $1+1=1$ 所象徵「分裂從未曾發生」的事實，根本是我們最怕的事，小我唯恐我們接受這一真相。

為此，小我巧妙地設置了一層又一層的防禦措施，以確保它最深的恐懼永遠不被揭發。它最大的敵人就是聖靈的救贖思想。說得更具體一點，它怕我們認同聖靈的救贖思想以後，會頓時明白：不論我們作了什麼夢，$1+1$ 還是得 1，分裂壓根兒無從發生。這便是我們心靈的最底層。往上一層即是小我的說詞：$1+1$ 絕不等於 1，而是等於 2；除了一位上主以外，還有另外的一個「我」。上主是「我」忤逆的對象，「我」則因負罪而害怕天譴。由於我們把內心的這些想法投射出去之後，上主反倒成了被告。一開始是我們對不起祂，現在變成祂這個罪魁禍首要加害我們。這就是小我 $1+1=2$ 的世界觀。

這套想法如此荒唐，我們卻視之為心頭大患，想方設法地逃避。為此之故，我們營造出大千世界，還制訂

了一系列規律和法則，例如科學、數學、宗教、經濟學、人際關係，以及種種規定「合理」與「不合理」的世俗標準。然而，這些不過是小我設下的障眼法，目的在於防止我們回頭去看那真正的問題，即生命已經分裂、1＋1＝2 的小我思維。只要我們仍然害怕面對這一問題，必會情不自禁把注意力轉向世界，企圖去拯救世界。先前說過，杜氏很早就已看破：縱有救國救民的壯志，也一樣無力回天。

我曾多次引述佛洛伊德在 1930 年對社會主義及馬克思主義的看法，那時距杜氏寫作《地下室手記》已經過了將近七十年光景。佛洛伊德當年斷言，這些社會制度最終必是死路一條。他雖不熱中馬克思主義，卻頗有救苦救難的胸懷，希望減輕世人身體跟經濟上的折磨。然而，對於倡言「消弭社會不公正，提升大眾生活水平」的社會主義和制度，佛洛伊德卻說，這些社會制度遲早會垮臺，因為它們徹底忽略了兩個重要因素：一是杜氏所謂的世人「勾心鬥角」的習性，二是《課程》所說的「特殊關係」。

> 經濟因素，絕非人類行為的全部動機⋯⋯我們
> 討論的可是活生生的人，怎能忽視心理方面的

因素？建立經濟體系的過程中，必會激發人性
的種種反應，即便在成型的經濟體系中，人也
必會表現出原始的本能，包括自衛本能、攻擊
傾向、被愛的需要、避苦求樂的動力。

凡是在人間的問題上頭下功夫，等於存心罔顧地下
室這個 $2+2=5$ 的世界，也就是佛洛伊德所謂的潛意
識。他經常強調，潛意識是毫無理性的，既不遵守世界
的運作規律，更常有荒誕無稽的怪事發生，只要看看我
們夜裡所作的夢就行了。夢裡的一切每每異乎尋常，一
點也不像我們心目中的現實世界。夢裡的人可以隨意變
化形貌，兩個能融為一個，甚至盡情飛翔，做出種種不
可思議的事來。它們所代表的全是潛意識中的想法，卻
在夜夢中溜入了我們的表意識。

佛洛伊德的言下之意，只顧在人間亡羊補牢，而不
處理深層的起因，只是竹籃打水一場空。這正是耶穌
在《奇蹟課程》中的觀點。就算你滿懷好意，抱持最具
靈性的烏托邦理想，但卻不知道如何清理地下室，如何
清理蓄滿憎恨、貪婪、自私、罪咎的潛意識，你就必敗
無疑。除非你敢正視它們，逐一化暗為明，並且下定決
心擺脫它們的掌控，否則你是不可能真正改變的，因為

這些潛意識裡的念頭，仍會不斷投射到世界上，而且偽裝得讓你認不出來。回頭來看杜氏的真知灼見：世界的規律以及世俗的眼光，全部都奠基於 $2+2=4$ 之「鐵律」，但在夢中，唯有 $2+2=5$ 的原理才反映得出實相。由此觀之，世界處處都在掩耳盜鈴，世人的言論盡皆不可信，如同任何世俗之見，也都只是替人間的運作法則代言而已，根本不足為訓。

話說回來，為人父母者，當然仍須把世界的運作規律告訴孩子，教導他們為人處世之道，雖說明知那一切都是虛幻的道理。但關鍵所在，你的教導必須出自愛心，處處反映出 $2+2=5$ 的愛，否則，你便是在教孩子放棄希望，與救恩絕緣，最終，讓他們變成跟所有人一樣的機械化。沒有錯，我們確實該幫孩子在世間活得得心應手，但首先自己心裡必須放下特殊性的考量，捨棄分裂和罪咎的心態，在過程中親身示範愛的內涵，這才表示你的確懷抱著**截然不同的教育精神**。

準此而言，當我們以教師、親人或任何其他身分教育孩子時，心中應該明白，只要孩子內心不以自我為中心，不論他在世上成為什麼或做了什麼，都無所謂。倘若我們能如此親身示範無私的愛，便是在教他無私的

愛，而他也必會學到無私的愛。假若孩子學到的全是如何算計 $2+2=4$，那麼他們做什麼也一樣無所謂，橫豎結局都是一死。這就是杜氏給予世人的警告：$2+2$ 等於 4 也等於死亡，不啻宣告了 $2+2=5$ 的正見心境已死。也因此，請耶穌或聖靈來幫忙解決世間的問題，就好比要祂們做人間的算術題，根本是沒道理的事。倘若照祂們的做法去做人間的算術題，考試一定不及格。總之，還是別找祂們幫你做那些事為妙，不如讓祂們幫你在學習 $2+2=4$ 的過程中放下嚴陣以待的防衛心態。

身為成人，我們必須懂得如何在世間拿捏分寸。所謂教育子女，並非行為層次的教育，而是在內涵層次，透過「教就是學」的原理，親身示範 $2+2=5$ 的內涵。當子女犯錯或不聽規勸時，如果我們能夠心平氣和，便是在教他們：「沒錯，學習 $2+2=4$ 確實很重要，可是 $2+2=5$ 更重要。」在平日，我們仍可嚴加管教，改正孩子所犯的錯誤，只不過，假如他們犯了錯，或總統、首相、國會犯錯，我們就為之義憤填膺，等於在說：「你們難道不知道 $2+2=4$ 嗎？不得 5！你們這樣做會把一切都搞砸的！」問題是，世間萬物本是虛無，你能搞砸什麼？我們若為這些事跳腳，放棄

心靈的平安，等於聲稱：「這件事**關乎重大**！因為 2＋2＝4 是真的。」然而，明明 2＋2＝5，知見又要了我們！再引用一次那句振聾發聵的話：「沒有比只看外表的知見更盲目的了。」世界只會把人耍得團團轉。我們之所以甘願相信 2＋2＝4，無非是害怕 1＋1＝2 的信念所引發的罪咎，只因它下面隱藏了我們最怕的 1＋1＝1。

耶穌在〈正文〉第十三章一語道破：「你害怕的其實不是十字架。你真正恐懼的是救贖。」（T-13.III.1:10~11）意思是說，我們怕的並不是上主會因為我們搞出 1＋1＝2 而將我們送上十字架，我們最怕的是 1＋1 **始終**都等於 1。想一想，只要接受這個喜訊與真相，救贖便來臨了。可是我們卻一錯再錯，如今，甚至耗盡全部心思來證明 2＋2＝4，堅信自己知道一切的是非對錯，對他人的過失更是如數家珍。說實在的，世人天天都在犯錯，因為世界的存在本身即是一個錯誤！但我們若一口咬定別人的錯誤，揚言自己有更好的解決之道，豈不跟他們一樣癲狂，難怪世界從未真正好轉過。人間種種社會運動、政治運動、反叛革命，沒一個真正奏效過，只因它們從未把重點放在匡正人心上頭。

我並不是說各位從此便無需去改善世界的處境，或參與救國救民的志業，只不過，大家心裡要十分明白，如果我們並不是懷著一顆愛心來參與這些改革，那麼我們自己同時便成了問題的一部分，因為我們忘了，唯有愛，才能在人間反映出上主與聖子的一體生命。

請各位明白，我所說的跟《奇蹟課程》一樣，無關乎行為的層次。切莫以為我是在勸阻大家投身人間的事業，反對你們改善人間的狀況。各位大可依照 2＋2 ＝4 的規則去做事，甚至教人箇中的要領，這都無傷大雅，只要你心底知道答案是「5」就夠了。有了這番領悟，自然不會太過看重人間諸事。一旦你把別人受的苦看得很重，不管是你的至愛，還是任何親疏遠近之人，你都無法幫到他們分毫的，因為你已經中了小我的圈套，把問題當真，認為 1＋1＝2 是很嚴肅的程式，也因此，隨之衍生的種種現象才顯得特別嚴重。

你若真想對這世界有所助益，請謹記 2＋2＝5。柏拉圖兩千五百年前便告訴世人，真相不能只看表面。把世上大大小小的事情一概當真，其實是自欺欺人。我並不是要大家對世人的痛苦置若罔聞，無動於衷。各位的任務其實很簡單，只需重新界定苦難的意義就行。大

凡相信 2＋2＝4 的人，**沒有一個不**苦的，這等於承認謊言，否認上主及其聖子的真相。為了維持這一騙局，我們甚至還搞出身體和大腦，但它們也不過是 1＋1＝2 這一真正問題所投射出的魅影罷了。說穿了，連這都算不上最根本的問題。我一直強調，真正的問題是我們選擇相信 1＋1＝2。這兒的「我們」，是指心靈中具有抉擇能力的那一部分，它寧可接受 1＋1＝2，也不願相信聖靈。聖靈早說過：「不是的，1＋1 自始至終都等於 1，而且永遠都等於 1。」歸根究柢，問題出在我們的心靈選錯了數學老師。

由此可見，在我們救世濟民之際，如果以為自己真的修正了什麼問題，那才是在癡人說夢。容我再強調一次，我並非不贊同各位去改善世界。身為父母，放任小孩算錯 2＋2＝4，那是自己的失職。孩子只有先學會了人間的算術，在世間游刃有餘之後，才可能了解 2＋2＝5 的道理，我們也只有等到那個時候才能教導他 2＋2＝5 的原則。因此，改正兒女在形體層面所犯的錯誤，通常是最有愛心的表現。再比方說，身為一國乃至世界的公民，當有人打著人民的旗幟去做壞事，我們能挺身而出，加以制止，也可稱得上符合正念心境的做

法，**只要自己心裡不當真就好**。但又要如何判斷自己是否當真？瞧，只要你動了肝火，將世界的錯誤歸咎於某人或某一族群，還視他們為「非我族類」，你便已掉入小我的陷阱，因為你不僅把那**小小的瘋狂一念**當真了，而且還看得非常嚴重。

5 從「地下」直抵「真相」

　　特殊性引人上鉤的手段相當高明，而且隱藏得很深，常常裝出一副大義凜然的模樣。它所包裝的特殊之愛，甚至會演變為靈性上的特殊性。若要分辨自己是否落入陷阱，只要看一看是否把人我之別當真，這樣就夠了。在形體層次，眾生固然外貌殊異，但那不過是表面上的區別，在實相的層次，眾生無二無別，都是心靈。即便世人眼中十惡不赦之人，心中一樣閃耀著基督的光輝，只不過他們害怕自己的光明，就跟我們每個人一樣。我們若非害怕光明，豈會攻擊他人的算術規則？說到底，我們心裡認定自己的遊戲規則技高一籌！但話說回來，算術方法最會騙人了。

　　所有數字當中，只有「1」反映得出天堂的一體境界，故堪稱真實。在人間，唯有眾生的同一性反映得出這個一體之境。《奇蹟課程》從不指望我們直接回歸上主的一體生命，它甚至不期待我們理解一體的道理。耶

穌在〈正文〉第二十五章第一節便已明說，他知道我們還無法領會「合一與一體」是怎麼回事（T-25.I.7:1），他只想教我們學習活出一體生命的倒影。我們的同一性純屬心靈層次，其中都一樣有同一小我、同一聖靈，而且同樣具備選擇的能力，人人都擁有這個稟賦。然而，如果我們存心將某人視為例外，就無異於再度將基督的整個生命送上十字架。基督的本體確實是不可分割的圓滿一體，哪怕僅僅將一個人排除在外，都是在聲明：「基督不再完整！」當初我們附和 1 ＋ 1 ＝ 2 的生命公式，不啻釘死了基督，此乃十字架苦刑的真正意義。直到現在，每當我們說三道四，歸咎於人，甚至惡語相向，都是在重溫這個選擇，給上主之子定罪上刑。如此一來，表示我們不僅甘願自絕於一體生命之外，還企圖為自己找藉口：「基督不是我釘死的，是你釘的。我是攻擊了你，沒錯，因為我不喜歡你。這是你逼我的，瞧瞧你都對我做了什麼好事！」這正是耶穌在〈正文〉尾聲描繪的「無辜的面容」（T-31.V），小我就是靠這招來強化二元對立的世界，令自己江山永固的。

只要你還覺得眼前有個世界亟待拯救，世界便沒救了。耶穌在第一百三十二課告訴過我們：「世界根本就

不存在！這是本課程一直想要傳達的中心思想。」（W-132.6:2~3）既然如此，有什麼好救的？請大家務必清楚，我強調的始終是一種心態，而非身體層面的作為。不論你在世間從事何種活動，都應展現出 2＋2＝5 的風範，讓人親眼看到，世界既傷害不了你，更控制不了你，他人的罪過也激怒不了你，即便世人假借神明、真理、自由之名，做出傷天害理之事，都左右不了你的心境。你一旦為這些事動氣，甚至感到絕望，就是在承認 2＋2＝4，**這才是我們唯一需要面對的問題。**

因此，你若滿心以為 2＋2＝4 才是真的，便永遠活不出 5 的境界，更無法看穿「衍生出 2＋2＝4 的 1＋1＝2」是何等虛妄。既然連 2＋2＝4（≠5）的世界都是虛幻的，那麼，為它撐腰、宣稱 1＋1＝2 的那部分心靈，必也同樣虛幻。真相其實很簡單，無非就是 1＋1＝1。然而，如今我們距離真相已經很遠很遠，因為我們不僅打造出世界和身體，還窮畢生之力設法美化它們。

幾乎全天下的人都被小我的彌天大謊蒙在鼓裡了。不論世界在你眼裡是可愛還是可憎，你都把它當成了實實在在的地方，問題就出在這兒！不論你是聖人或罪

人，在世間大受吹捧抑或人人喊打，只要你著了小我的道，相信世界是個真實的地方，就會覺得自己在人間的作為非同小可。竟然還有人把這部藍皮書看得很重，可是本質虛無的一疊紙張怎會舉足輕重呢？《奇蹟課程》之所以重要，在於它所反映的那個境界，不是那些白紙黑字。

世界的問題，也不出在其中的是是非非，世界壓根兒就不存在！一個不存在的地方，如何招惹是非？世界真正的問題，是它體現的思想體系，我們應從這個思想體系下手，摸清它 $1+1=2$ 的底細，然後一笑置之。正如耶穌所言：「永恆否定了時間的存在。認為時間能干擾永恆的念頭，實在可笑之至。」（T-27.VIII.6:5）永恆境界是 $1+1=1$，時間領域則是 $1+1=2$，並在人間形成了 $2+2=4$ 的世界。相信它們干擾得了永恆之境，確實可笑。

我們只需看著 $1+1=2$，說：「真荒唐啊！究竟何事如此嚴重，竟值得我這般煞費苦心，不惜營造出一整個世界來逃避它？上主從未遭人扭曲，聖子也不曾被人釘死，永恆實相分毫未損。」若想學會這一門人生功課，我們必須以身作則，再也不讓無明亂世奪走我們

內心的愛與平安，不讓別人的言行動搖我們對他們的關
愛，不再為《課程》的形上理論錙銖必較。內心一旦受
到干擾，立即認清，我絕不是為了自己所認定的那個理
由而不安的，這個道理在〈練習手冊〉剛開篇的第五課
便已講過。如此踏實練習，方能將這些教誨落實於生
活，既具體又簡單。不見得容易，但道理真的很簡單，
我們只需保持儆醒，尤其是出現沮喪、消沉、生氣、焦
慮、意圖報復、陷入妄想、有意跟人劃清界線、想助長
身體的真實性、覺得外面真有問題亟待解決——每當這
種時刻，記得誠實觀照自己的心態。

　　一陷入上述的感覺或想法，你就知道自己聽從了
冒牌老師的話，而且忘了對它的瘋狂念頭及荒唐伎倆
一笑置之。這可謂《課程》的核心觀念：「在『一切是
一』的永恆境內，悄然潛入了一個小小的瘋狂念頭，
而上主之子竟然忘了對它一笑置之。」（T-27.VIII.6:2）
正因這**小小的瘋狂念頭**被當真了，才投射出眼前的大千
世界，問題就在於這個過分當真的嚴肅心態。大家都知
道，人生在世，嚴重的事情肯定層出不窮。試看，照顧
自己和所愛之人的身體是件嚴肅的事；每天眼見世人在
不知不覺間作孽，也著實令人不得不嚴肅以待。然而，

我們的功課正是要學會不受小我矇騙，不把問題看得那麼嚴重。上主之子怎可能跟上主分離？根本就是荒唐嘛！完美的一體怎會支離破碎？然而，可別小看了這些荒唐無稽的想法，大千世界就是據此而打造出來的。

《奇蹟課程》每時每刻為我們提供另一種解讀人生的眼光，重新看待自己和他人的行為、感受、想法。有了這套思想架構，我們對於萬事萬物的看法必會有所不同，世界奉為真理的道德教訓，原來荒謬至極；世界所定義的健康與有害、合適與失格，其實都不足為訓。這並不是說，你從此就該離經叛道，不再得體地在人生教室中演好自己的角色，而是說，你不能演得太認真，因為學習 2＋2＝4 的法則，最終是為了領悟 2＋2 其實等於 5，如此你才能由世界回歸心靈，看清問題的根源其實是它背後 1＋1＝2 的心態在作祟。

再澄清一次，我並不是說大家可以放縱自己，美化病態的言行，更沒說作惡無可厚非。我只是提醒，人應該遵守世間法則，因為遵守這些無聊的法則，**恰恰**顯示愛並未受到罪惡與判斷的污染，成了救贖原則的最佳示範。當然，有時打破常規也挺有幫助的，但那絕不是為了叛逆或革誰的命，而應該出自愛的指引。切記，**愛的**

本質是一體。即使發動政變，依然可以懷著愛心來進行，不必把我們所反對的人打入「大奸大惡」的行列。否則，自己的謀變就跟原本意圖推翻的暴政成了一丘之貉。法國大革命為我們提供了最好的例證，當年，老百姓攻破巴士底監獄後，只迎來了雅各賓派的恐怖統治，結果更是以拿破崙上台告終。近代歷史仍在重演類似事件，多少高舉正義大旗的人民或政府，最終都陷入仇恨的漩渦。我們若為了反叛而反叛，自己便也成了問題的一部分，結果換湯不換藥，歷史悲劇一再重演。佛洛伊德早有先見之明：倘若不把人類內心好勇鬥狠的習性，也就是罪咎與仇恨的心理因素考慮進來，任何烏托邦的願景都會一敗塗地。這種無知，只會害人害己。

　　為此，我們必須深入地窖，一探究竟，不是因為它多真實，而是因為問題就出在那裡。唯有如此，我們才能擺脫它的操控。人生在世，切莫入戲太深，這點再怎麼強調都不為過，耶穌也一再提醒我們，**世界早已瘋狂了**。即便是精進修持的奇蹟學員，仍會被亂世景象迷住雙眼，忘了它有多麼荒誕，甚至還覺得意義非凡，把拯救某人某事當作天大的志業。唯有真正療癒的人，才能跟大家一樣活在世上，卻不把任何一件事當真。他們的

言行舉止、吃穿用度與常人無異，「只是臉上更常掛著微笑」（W-155.1:2）。因你已深得 2 + 2 = 5 之三昧，才能微笑對待那些高舉 2 + 2 = 4 而且以為自己的算式高人一等的人。他們的確瘋狂，卻非大奸大惡之徒，不過是有點無知罷了。但是，若要具備這一見地，你必須先認清，人間的種種道路皆是死胡同，不具任何意義，真相是 2 + 2 = 5，再沒有比這更真實的了。

容我再重複一遍，在 2 + 2 = 4 的幻相世界中，**那些有形的知見最能顛倒黑白**。夢境固然會將因果法則奉為圭臬，可是你若神智正常，便會知道，自己的實相立於夢境之外。這一幸福美夢，便是 2 + 2 = 5 的境界。耶穌說過，在那些令我們痛不欲生的各種苦因當中，我們從不把自己的罪咎計算在內（T-27.VII.7:4）。2 + 2 = 4 的世界說，是甲乙丙丁害我受苦的，而代表 2 + 2 = 5 的耶穌則說，不是的，你心中的罪咎才是真正的苦因。世界不懂真正的加法！可憐它不僅以為自己會算，還堅信自己是數學高手。

6 釋 疑

問：你剛才說人可以反叛，但是，**反叛一詞隱含了對立**。以戰爭為例，你如何一邊上陣殺敵，一邊保持正念心境？

肯恩：不是的，你即使上陣了，也不會真的殺誰。縱然身在戰場，你心中依然能夠保持自己並非夢中人的覺知。這個例子的確有些極端，但你若不得不衝鋒陷陣，表示戰場就是你的人生課堂。大多數人都覺得，跟小孩說一個善意的謊言無傷大雅，但架著烏茲機關槍殺人可就大大不同了。這兩件事狀似迥異，不過是因為大家相信身體是真的，才認為這兩種幻相有層次之別。然而，想一想，你跟小孩或別人講的善意謊言可以出自愛心，上戰場為什麼就不能呢？理論上來講，你開槍射擊可以毫無憤怒，更不會幸災樂禍，**只不過**，唯有心靈療癒了，你才能在戰場保持正見心境。

人生在世，殺生在所難免，關鍵在於切莫因仇恨或恐懼而殺生。我們是有辦法既不存半點傷人或殺生之念，同時又安度一生的，這一點，無法單從行為層次來判斷對錯。比方說，你憑著心中的正見，可能會放走蜘蛛，也可能會殺它。具體做法無所謂對錯，關鍵是你出於正念還是妄念。《奇蹟課程》難就難在它如此**究竟**，直接斬草除「根」。小我世界的根就是 $1 + 1 = 2$ 的法則，人我有別的分裂心態就是這一法則的具體表現之一，不論對方是蜘蛛、戰場上的敵人，還是生活的伴侶、同事，我們都視之為對立的生命，這一妄見才是根本問題。至於行為層面，只要你心中清楚 $1 + 1 = 1$ 的真相，具體怎麼做便無關緊要了，你只須確保自己沒相信 $1 + 1 = 2$ 就好。

話說回來，假如你會為殺死蜘蛛而內疚，但在心裡暗算親朋好友，甚至某個公眾人物，卻無半點內疚，表示你的看法出了問題。這類現象很普遍，還記得，當年在我們紐約的教學中心，有個人分享自己見到別人殺蟲時是何等的沮喪，因為他感覺蟲子也是生靈。但是，當他評判他人或利用別人滿足一己私慾時，卻又臉不紅氣不喘，這顯然大有問題。倘若你真的如此關心蜘蛛，那

麼對於其他生靈，比如動物和蔬菜，不論它處於「生命鏈」的哪一層級，你都應該同等關心才對。這種分別取捨的做法，表明你的心態不太對勁。這點很值得注意，因為強烈反對殺死蜘蛛的人，往往對殺蜘蛛的人感到義憤填膺。一旦選擇了這種立場，便很難不去評判有違你信條的人。你會說，蜘蛛挺神聖的，害死蜘蛛的人一點都不神聖。聖子奧體就這樣被分解得支離破碎，破壞了基督生命的完整。

　　類似的例子不勝枚舉，比如說，車拋錨了，你就摔門；棒球賽三振出局，你就到休息區踹飲水機；挨老闆痛罵以後，回家就拿狗出氣。問題不在於你攻擊的是活體還是死物，處於進化鏈高層還是低層，問題出在你的內心——你把自己心裡的罪咎感，投射成你對別人的怒火。世人往往只會評判表面行為，所以才如此信奉 2 ＋ 2 ＝ 4 的法則。然而，世間的紛紜萬象有個共通之處，它們的始作俑者都是人的心靈。不論踹的是車、動物、飲水機、或者砸失靈的收音機，還是攻擊別人，本質上都是罪咎的投射，問題還是出在心靈最初接受罪咎的那個決定。

　　當人不敢承認內心的想法，外在便會呈現相反

的舉動，這種心理機制叫作「**反向作用**」（reaction formation）。許多人聲稱他們決不會殺害某類生物，卻暗中留了一手，不肯將這一信條套用在每個人、每件事上，證明他們其實是想用這套把戲來抑制心中的自我憎恨和殺人傾向。這就跟那些要求外在一切都得合乎自己準則的操控狂沒什麼區別，因為他們的「反向作用」其實是在反制自己失控的內心。如果你對外在的某件事特別在意，通常都是內心相反勢能所造成的反彈，這種**反向作用**的心理機制可謂放諸四海皆準。每當你堅持某種形式，覺得做或不做都事關重大，你便是在附和 2＋2＝4 的法則，以此反向作用來制衡自己心中 1＋1＝2 的信念，只因你愧疚難當，以為是自己毀滅、背叛、拒絕、遺棄了愛，才致使 1＋1＝1 的生命公式變成了 1＋1＝2。當你的罪惡感再也壓制不下去，你只好設法逃避，聲明你不是那樣的人，你其實愛著每一個人事物。實則不然！你只愛某些人、某些事、某些物。只要你感到自己「絕對」不可殺生，或「絕對」不可做某些事，你其實是藉著這種方式來控制潛意識中相反的衝動，企圖利用這種把戲，來逃避你覺得自己拋棄愛而應受的罪罰。

這並不表示紀律或自我約束就是一件壞事，我只是說它解決不了真正的問題。企圖靠著操控心外之物來制衡心內衝動的做法，是永遠不會奏效的，因為內心的問題依舊會留在內心，壓抑在潛意識裡的東西也遲早會投射出去，令你時刻疲於應付內心的仇恨。因此我們最好對宗教狂熱敬而遠之，狂熱的信徒高呼本派愛的信條，拿教義跟人一決高下，其實就是在抵禦自己心中相反的想法（又是**反向作用**）。內心隱藏的恨總是需要出口的，因此愈狂熱的人愈是滿口評判。不論熱中的是政治、宗教還是社會問題，大凡狂熱分子，都是在把內心無法面對的東西投射到外頭。

縱然活在這 2＋2＝4 的世界，只要處於正見心境，就不會為任何事煩心，因為你知道 2＋2＝5，你不會允許任何世間之物奪走你對愛的肯定與堅信，因你打心底明白，人間沒有一件事真正有意義。沒有罪咎和投射從中作梗，你內心流露出的愛自然暢行無阻，於是你對任何人都會友善而仁慈，不論你殺不殺蜘蛛、吃不吃牛肉、丟不丟炸彈，這一心境都絲毫不受影響。

關鍵是，我們需要善用自己有關身體的想法和感受，作為回歸心靈的途徑。還是那句老話，行為層次無

所謂對錯，畢竟我們活在人間，這具身體總得做些事情。大家都有自己的需求和好惡，可是我們大可不必任由這些事左右了內心的平安，或離間弟兄與自己的關係；重要的是，不要去評判自己的想法和行為，更不要評判別人的想法和行為。

* * * * * * * * *

問：我週一晚上喜歡去跟朋友打牌，每次牌局結束，心裡都很內疚，覺得不該幹這個事兒，而且會心跳加速，為自己該玩還是不該玩而忐忑不安。

肯恩：如此豈不正中小我下懷！好像打不打牌是個多大的問題似的。這問題其實挺無聊的，是吧？這算哪門子問題嘛！你覺得耶穌會在意你打不打牌嗎？他若打牌，一定是個低能牌友，因為胡不胡牌對他來說全都**一樣**。

打牌本身並不重要，重要的是能否平靜地去，平靜地玩，再平靜地回來，打不打牌並非關鍵。我們常常會掉入這類陷阱，一再拷問自己做還是不做。你剛才的言下之意是，撲克牌是一件挺沒靈性的事，與其玩牌，還

不如好好學習《奇蹟課程》，聽幾張教學 CD，觀想永恆真理，或者做別的你覺得有靈性的事。但是，你跟同伴打牌，照樣可以進入神聖一刻。你的功課是好好去打牌，享受愉快的時光，只要心裡別太當回事就好。贏就贏了，輸就輸了，重要的是，你跟親密好友度過了一段美好的時光，別評判任何人就成了。如此一來，撲克就成了你學習不讓世界操控自己的人生教室。小我讓我們以為幻相有層次之分，撲克屬於層次比較低的，打牌更是等而下之。可是，既然幻相沒有層次之分，又何來層次高低之說呢？在這幻境世界中，唯有愛的內涵才是真實的。

* * * * * * * * *

問：有一部非常可愛的電影是關於企鵝的，人人看到烏鴉攻擊企鵝寶寶的場面，都義憤填膺，可是看到企鵝吃魚時，卻沒人吭半句話。

肯恩：那是當然，沒人考慮到那隻可憐的烏鴉，牠也不過是順從本性而已，就像企鵝，既是獵物，又是獵食者，也有大鳥以捕食烏鴉為生。**非你即我——不是坐**

以待斃，就是痛下殺手，人生本來如此。為了滿足自身需求而獵食他物，其實就是我們所謂的同類相殘。在這2＋2＝4 的世界，人人都按自己那一套去分別高下，聲稱某些 2＋2＝4 的算法要比其他算法來得更高明。比方說，某些動物更可愛、更無辜，它們同類相殘是值得原諒的，其他動物則極盡惡毒和兇殘之能事。其實，世上**每一個人**都很惡毒和兇殘，當初，我們正因懷有惡毒兇殘之念，才淪落至此的。

7 上主天律與人間法則

「知見與抉擇」

在研讀第七十六課「我只受上主天律的管轄」以前，我們先來複習一下課文的幾個篇章，釐清上主天律跟人間法則之間的區別，以及為什麼上主對我們所感知到的世界毫不知情。我們先從〈正文〉第二十五章「知見與抉擇」的幾個片段開始：

（T-25.III.2:1）**上主之律無法直接運行於知見統治的世界，因為這樣的世界不可能出自天心，知見對天心而言也毫無意義。**

這個世界不是上主創造的，這一教誨在整部《奇蹟課程》出現不下幾十次。上主甚至不知道世界的存在，因為世界根本不存在。故此，上主的天律跟知見世界必然毫無交集，因為天律出自 1 ＋ 1 ＝ 1 的運作法則，而

知見的運作法則卻是 1 + 1 = 2，而且它投射到世界之後，又進一步分化成 2 + 2 = 4，以及隨之衍生的林林總總的法則。

（T-25.III.2:2）**然而，這世界卻又處處反映出祂的天律。**

上主天律亦是一體、永恆、聖愛之律，它在人間的倒影，即是我們對眾生一視同仁的眼光。在形相層次，眾生顯得各不相同，但在心靈層次，我們無二無別，全都具有一顆正心跟妄心，又同時具備從中選擇的能力。

（T-25.III.2:3~5）**這並不是說，反映天律的世界就是真的。而是說，因聖子相信它是真的，上主便無法全然置身於聖子所相信的世界之外。但祂又不可能跟他一起瘋狂；祂只能確保自己的清明心境會繼續與聖子同在，使他不致永遠迷失於自作孽的瘋狂裡。**

上文用擬人手法揭示了一個道理：你我入夢之時，隨身攜帶了有關自己真實身分的記憶，這冥冥中的一念隨時都在提醒我們，分裂不曾發生過。這種記憶或心念，即是《奇蹟課程》所謂的聖靈。究竟來說，上主並未特地創造聖靈來答覆我們以為的分裂問題，因為分裂根本未曾發生過。這也是救贖的至高原則，我們永遠都

是上主當初所創造的生命，與祂一體不分。由此可知，《奇蹟課程》稱聖靈為提醒我們「未曾離家半步」的天音，意思不是祂會具體地跟我們說這些話，祂的提醒乃是我們處在正念時的內心感受。

<h2 style="text-align:center">「除了上主的愛以外，沒有其他
的愛存在」</h2>

接下來，一起來看第一百二十七課「除了上主的愛以外，沒有其他的愛存在」。這一課說得很明確，上主天律是不會直接呈現在人間的。

（W-127.3:1~3）**愛是不可能分別取捨的。它自成一體，因此，萬物在它眼中自然也成了一個。它的意義就存於這一體性內。**

一小段話出現了三個「一」字：**一體、一個、一體性**，可謂道盡了愛的本質。在人間，一體性呈現為不作分別取捨的眼光，看出眾生都在作同一場噩夢，同樣需要從這場夢中醒來，而且同樣都具有正確選擇的能力。

所以，臨在於此時此地的，不是上主，也不是祂的聖愛，而是我們對這份愛的記憶。一旦憶起了這份愛，我們自會認出上主之子內在的同一性：在天堂裡，我們同屬基督的靈性生命；在幻境中，我們依然同屬一個分裂的心靈。正是這個同一性，將我們緊密連結在一起。

（W-127.3:4）凡是視愛為偏私或局部的心靈，必然不識〔一體之〕愛的廬山真面目。

這句話一語雙關。在〈練習手冊〉的其他課文，耶穌也玩過類似的文字遊戲（W-161.2:4）。現在，來看「**偏私**」一詞，它的第一層意思是因私心而偏袒或輕視；另一層意思，即其字面的「偏」和「私」，透露出它「分裂」的取向。但凡有所偏私，視他人與自己分裂，在心中區分同類和異己，便是自絕於一體生命，以致無緣天堂，只能繼續跟小我「偏」安一隅、「私」相授受。

（W-127.3:5~7）除了上主的愛以外，沒有其他的愛存在，一切愛都在祂的愛內。即使在無愛之處，愛的法則依舊運作其間。愛是唯一的法則，它沒有對立。

在這世上，愛永遠是相對的。比方說，我昨天愛

你，今天卻能不愛你；我愛這個人，卻不愛那一個。愛一旦降格到形體層次，必然變得四分五裂。可以說，世俗之愛必然會有恐懼或憎恨這種對立面，然而真愛是沒有對立面的，它只是單純的「一」而已，因此是「不二」的。凡是愛所不在之處，其他東西也無法存在，故說世界其實空無一物。究竟說來，根本就沒有一個所謂的世界存在。

（W-127.3:7~8）**愛是唯一的法則，它沒有對立。它的整體性乃是維繫萬物一體的力量，也是維持天父及聖子同一生命體的永恆聯繫。**

天堂之境，沒有天父與聖子、上主與基督、造物主與受造物之分，那是二元論的產物。祂們既然是同一生命體，便無所謂「天父的盡頭以及聖子獨立出去的那一點」（W-132.12:4）。活在夢境帷幔中的人，才會把上主和聖子想成對立的兩個生命。

還是那句老話：在人間，只有練習寬恕，才能體現出愛的法則，也就是看出「那些貌似令你我涇渭分明的表面差異，不過是一種幻覺」，只因知見最會騙人。$2+2$ 不等於 4，它在夢中卻等於 4，就跟憎恨和特殊性

在夢中也顯得真實無比而且情有可原一樣。此外，身心方面的需求，在夢中也顯現為切身之急務。問題是，既然知見會撒謊，身體一定也會，只因它們都根源於 1＋1＝2 的謊言，相信上主和祂的聖子已經天上地下，遙遙相隔，不再是圓滿一體的生命了。所以說，世界是為了攻擊上主才形成的（W-PII.三.2:1）；1＋1＝2 就是為了攻擊上主，它竟宣稱完美的一體生命不復存在。

接下來我們跳到第五段。

（W-127.5:1~2）世間任何法則均不足以幫你了解愛的真諦。世界所相信的那一套，原本就是為了隱藏愛的真諦而營造出來的，它存心將愛打入不見天日的冷宮。

2＋2＝4 是無法幫你了解真理實相的，它雖然能教導你世界的運作法則，幫助你在世上活得如魚得水，卻無法幫你超越這世界。相反的，你若悟出 2＋2＝5 的原則，便能看穿世界的虛幻本質，進而意識到它之所以謊話連篇，原來是為了遮掩一切謊言的淵藪——那個妄心。

愛的真諦就是一體性，它在人影幢幢的世間是沒有立足之地的，因為身體跟人際關係都只會製造分裂。

更有甚者，**人間的幻相還區分種種層次高低**：殺這些蟲無妨，殺那些卻使不得；奪去這些動植物的生命說得過去，奪去那些就萬萬不可；恨這些人或殺這些人合情合理，同等對待另一些人便於理不通。這類著眼於差異性的信念，正是小我世界的第一條無明法則（T-23. II.2）。它骨子裡這般厚此薄彼，可見它所營造的整個世界必然建立在謊言之上。

世人的說法全都不足為憑，除非那人確實知道 2＋2＝5，才值得你去信任。那些連自己都騙的人，有什麼值得你信任的？科學法則騙人，世上的每一條法則都騙人，不騙人的唯有愛的法則在人間的倒影，也就是反映一體本質的眼光，能看出上主聖子同一性的慧眼，它才是謊言世界中的唯一實話，因為唯獨它足以幫人超越謊言。世界所推崇的 2＋2＝4 的分裂信念，「是為了隱藏愛的真諦而營造出來的，它存心將愛打入不見天日的冷宮」。愛的真諦正是「你我乃同一生命」，即 1＋1＝1 的真理，而世界的形成就是為了隱瞞這一事實，它先拿 1＋1＝2 的小我思想體系來偷樑換柱，繼而投射出一個 2＋2＝4 的世界。這個世界以及我們的人生經驗，成了小我防禦工事最強大的一部分。

（W-127.5:3）**人間奉為圭臬的運作法則，也沒有一個不與愛的真相以及你的真相背道而馳。**

這一小段話說得真是鏗鏘有力！「人間奉為圭臬的運作法則，也沒有一個不與愛的真相以及你的真相背道而馳」，亦即人間的每個法則都與真愛背道而馳，因為它們無不企圖將分裂世界弄假成真。雖然它們看似有憑有據，還有因果關係，但那不過是小我陰謀之下的一場大騙局，企圖讓我們失心到底，淪落人間，萬劫不復。

請容我再提醒一次，我說這些話，並非反對各位去學習人間的生存之道，那是不可或缺的，只不過，如果你老是這樣跟世界糾纏不休，便無法從中學到任何東西。誠如第一百八十四課所言，我們可以學習世間的種種象徵和運作方式，與它和平相處，但這絕非由於我們相信它那一套，而是因為我們得透過世界的課堂去教與學，於是五花八門的象徵世界便成為教與學的場地，讓那超越象徵之上的真相得以透過我們而傳揚。總之，在世上學習 $2+2=4$ 的象徵符號之餘，心中務必牢記，答案其實是 5。

　　再重複一遍：「人間奉為圭臬的運作法則，也沒有一個不與愛的真相以及你的真相背道而馳。」你的真相是什麼？你乃上主之子，一如祂當初所造，跟你的自性水乳交融、親密無間，同時也跟聖子奧體一體不分，因為基督只有一個。即使在上主之子所作的小我之夢中，正見也會幫我們看清，我們都有同樣的分裂妄心，因此也有同一人生目標。耶穌在〈教師指南〉開卷伊始，明白揭舉上主之師的唯一資格，就是不再將他人利益跟自身利益視為兩回事（M-1.1:1~2）。好人壞人，受害者加害者，命苦的以及害人命苦的，全都具有同樣的分裂之心，因此也擁有同一需求，就是從夢中覺醒，回歸自己的家園。

8 「我只受上主天律的管轄」

早先跟大家提過，當年正因〈練習手冊〉第七十六課和一些相關的奇蹟章句，促使我出來講解層次一和層次二的區別。那時，《課程》問世不出數月，學員中間已有人認為世界橫豎只是幻夢一場，那麼，我們大可百無禁忌、為所欲為了。因此，我花了很大的功夫，協助學員了解《課程》的教導分別指向兩個層次。層次一是「非此即彼」的不二之境，我們現在要講的第七十六課就有不少這類「層次一」的論述，比如說，要麼上主天律是真的，要麼世間法則是真的，絕無灰色地帶。在這一層次，虛與實之間毫無妥協餘地，一個若是真的，另一個就必然是假的；整部課程一體不二的形上理論，就是奠基於「層次一」的真理才得以立足的。

然而，對於認同身體的塵世中人而言，上述原則產生不了太大作用，所以《奇蹟課程》把重點放在我所謂的「層次二」。層次二屬於幻相層面，只有這一層面，

才有所謂的聖靈眼光與小我眼光的反差。雖然**兩者同屬虛幻**，但小我的幻相令人在夢中愈陷愈深，而聖靈開啟的寬恕幻相則能幫助人從中覺醒。由於這一課特別容易令人混淆上述兩種層次，現在我們就從第一段開始，慢慢研讀它的中心思想。

（W-76.1:1）**我們已經觀察反省過，你曾把多少荒謬的事物視為你的救恩。**

凡是令自己感覺良好之物，都在耶穌所說的特殊關係之列。人間有不少法則證明某些東西確有那樣的功效。舉個最常見的例子，有一條自然法則是，假如我餓了，那麼我一吃東西就感到開心滿足。這種需求的表現方式往往因人而異，有些東西，我吃了犯噁心，但吃別的就覺得愜意。在 2＋2＝4 的世界，這套法則好似顯得天經地義，我們如果不諳飲食之道，便活不下去，這跟不懂 2＋2＝4 的法則在人間就會寸步難行是一個道理。同樣的，如果肺裡缺了氧，人也無法生存。

話說回來，這些法則固然足以維持身體的活力，我們卻無法指望它們成為生命的救星。大家都知道，有些人可真是典型的「以食為天」。確實，吃飽喝足了才活

得下去，但我們其實犯不著吃那麼多。正因人們對食物賦予了某些心理因素，吃喝才彷彿成了人生的救星。我們判定，某些食物是有害或有違道德的，而另一些食物就有益身心、充滿靈氣，吃了會給人幸福的感覺。我的意思並非要大家**別再**吃自己喜歡的東西，而是不要在上面大做文章。活在身體中的人，都有自己的喜好，那就儘管吃自己愛吃的東西，做自己愛做的事，遠離不愛吃的東西或不愛做的事，只要別讓那些行為傷到自身和他人即可。不論吃喝、呼吸或是互相依附的特殊關係，全部都跟覺醒無關，人間的這些嗜好或癮頭，沒有一個有助於我們從夢中覺醒。

（W-76.1:2~4）**結果，每一物〔各種荒謬的特殊關係〕都反過身來用如它自身一般荒謬的法則來囚禁你。其實它們束縛不了你的。但若要了解這一事實，你必須先看清在它之內沒有救恩才行。**

　　只要身體還必須充當學習的課堂，我們就該維護生理與心理兩方面的健康，凡是有益身心的事，都不妨放手去做。只要是跟聖靈一起做，就不會有後遺症；但若是跟小我沆瀣一氣，必然貽害無窮，因為我們的選擇會助長分裂而淪為一種攻擊。一旦我們對身體的需求和反

應過度緊張，就表示自己已經聽信了小我之言。反之，如果我們把焦點拉回抉擇者的選擇上，就表示自己是在聽從聖靈的話。唯獨這個選擇，才是一切的關鍵。

（W-76.1:5）**你若還想從那些無意義的東西中尋找救恩，你就被箝制在那些荒謬的法則下了。**

究竟而言，凡是有形有相之物，都是無意義的。在 2＋2＝4 的知見世界中，沒有一樣東西能救得了我們。先前提過，《奇蹟課程》本身也無法帶給人救恩，它只是形相世界中的一本書而已，但活出《課程》的教導則不可同日而語。如果我們相信有個叫耶穌的人能拉自己一把或救自己於水火，無異於把耶穌扯進特殊關係。唯有把他看成正見的象徵，而且請他幫忙選擇正見，我們**才**救得了自己，因為我們不再將耶穌視為與自己不同的生命。他的眼界或許比我們開闊，但我和他仍是同一生命。這部課程傳授的智慧，無一不是我們本有的。人人心中都有同一個聖靈，跟海倫所「聽到」的那個聲音一模一樣。聖靈的智慧，一直活在我們每個人的心中。

真正的教育，不過是喚醒人本有的潛能，《奇蹟課

程》正是如此。我在其他演講提過，柏拉圖曾說：**記憶**（reminiscence）乃是**回憶**（anamnesis）那「超越凡塵的理念界」之途徑，意即教育就是讓人憶起自身本有的東西。老師並非教給學生他原先沒有的知識，他不過是幫學生憶起他冥冥中知道的真相。真理，要麼人人具足，要麼無一人配得。耶穌並無真理的特權，只不過他已做到「除真理外，一無所知」，而我們卻仍在玩「用特殊之愛取代真理」的把戲。

「你若還想從那些無意義的東西中尋找救恩，你就被箝制在那些荒謬的法則下了。」這一小段精闢的話，說的正是人間 2＋2＝4 的法則。「現實」世界的種種事件，看似自然規律使然，實則根本是我們一手導演出來的。可以說，世間發生的每一件事都在宣揚分裂的存在，所以世上的一切都不足為憑，我們也無法採信教授人間法則之人，除非他深曉 2＋2＝5 的真相。

在此需要澄清一下，這個原則甚至可以套用在選擇財務顧問或心臟手術的醫生這類事上。當然，你選擇的人必須深諳 2＋2＝4 的法則才行。我個人往往傾向於兩樣都懂的人，但這得看緣分。我只希望大家明白，2＋2 雖然得 5，但人生在世，還是要懂 2＋2＝4 才

行。假如你要當外科醫師，總得知道身體的運作原理，而且還必須心靈手巧才能動刀。身為醫生，如果也懂 $2+2=5$ 的道理，應該更加理想。但我通常不會只憑這項「只懂 $2+2=5$ 道理」的標準來作決定，所以我老是勸奇蹟學員，別找所謂的「奇蹟治療師」問診。當然，凡事不能一概而論，但奇蹟治療師可能會過度偏向世界虛無的一面，只強調 $2+2=5$，暗中跳過 $2+2=4$ 的層面，反映出他們對於世界懷有很深的罪咎。有些患者可能早就有逃避現實的傾向了，這對他們而言無異於雪上加霜。當然，最理想的上上之選，是既精通人間算法、又深知人間算法虛妄之人。

再強調一次，救恩不在別處，就在我們作決定的那部分心靈。它曾經選擇了小我，自甘墮入地獄，如今終於可以推翻當時的決定，重新選擇救恩。耶穌救不了你，聖靈救不了你，《奇蹟課程》也救不了你，它們只能提醒你，真正的救世主是你自己，全宇宙能救你的就是你自己的選擇，只有這個選擇能在人間反映出上主的天律。如果說上主的天律就是祂的旨意，而天律又是圓滿的一體之愛，那麼，在人間，我們只有選擇寬恕的思想體系，才算是接受了祂的旨意。

由此可知,「我只受上主天律的管轄」,指的就是這一抉擇能力。我可以選擇把別人當成與自己毫不相干的個體,也可以視人如己;我可以遵從小我的法則,追逐個人利益,也可以聽從耶穌的話,致力於共同福祉。這些事只有我自己能辦到,整部課程也不過是提醒我,是天堂還是人間,端看我的心靈如何選擇;一切力量,盡在我心。

再看本段最後一句:

(W-76.1:6)那等於想在沒有救恩的地方,證明救恩的存在。

人類老想證明自己能在世上找到救恩,而且就在它所制訂的 2 + 2 = 4 法則中尋得。比方說,基督教認為,信徒必須勤讀《聖經》、信靠《聖經》,奉耶穌基督為救主,方可得救。這種救恩之道明顯帶有特殊性的色彩,企圖把《聖經》的文字渲染得與眾不同,將世界弄假成真。然而,**幻相沒有層次之分**,所以《聖經》也不會比其他書籍特殊到哪兒去,《奇蹟課程》亦然。關鍵在於藍皮書所傳遞的「天音」,也就是訊息的本身,而非訊息呈現的形式。耶穌在文中解析人際、醫藥、健

康、金錢法則以後，在第八段又加上了宗教所玩的那套
「法則」：

> 你甚至以為有些法則還能幫你區分什麼是屬於
> 神的，什麼才是屬於你的。許多「宗教」就是
> 奠基於這一法則上〔注意「宗教」一詞加上了
> 引號〕。它們不僅不拯救，還假借上天之名定
> 人的罪。（W-76.8:4~6）

宗教何以然定人的罪？因為宗教離間了天人關係，
企圖把你跟上主劃清界線。你的世界充滿罪惡，神的世
界聖愛圓滿，兩個世界同等真實，只不過一個有罪，一
個無罪，兩者上主全都看在眼裡。人們一旦相信這套謊
言，還據以建立宗教，假借上天之口為它背書，從此便
會理直氣壯地把世界搞得四分五裂，分化為有罪的和無
罪的，好的和壞的，真信徒和異教徒以及不信教的；於
是，一套假冒神旨的天律就出現了，說穿了，它無非是
2＋2＝4的法則另一種具有仇恨色彩的表現形式罷了。

同樣的，歷史也在這部課程重演。先前一直在強
調〈正文〉的那句提醒：「**沒有比只看外表的知見更盲
目的了。**」沒有錯，表相最會騙人了。耶穌在〈正文〉

提到，特殊關係其實是用來炫耀形式高過內涵、小我勝過上主的手段（T-16.V.10:1;12:2），而這恰恰是形式化宗教的特質。形式之所以老是在騙人，是因為它始終都在比來比去，把世界愈比愈真。懇請各位不要這樣對待《奇蹟課程》，千萬別用它離間你跟耶穌、離間你跟其他奇蹟學員或非學員之間的關係。倘若上主真的只有一個聖子，那麼這部課程也只為一個人而來，就是**你**。只要你的心靈療癒了，你便會明白，那一體生命不只有你，而是涵攝了**所有**上主之子。

（W-76.2:1~2）**今天我們很高興你無法證明它的存在〔也就是證明不了救恩在世間法則或身體規律上〕。倘若能夠的話，你就會一直朝著救恩不在之處追尋下去，而永無覓得之日。**

怪不得形式化的宗教沒有出路，它們無不建立在種種形式上，所以才叫「形式」（formal）宗教，其中充滿了各式清規戒律、禮拜儀式、經書典籍、聖人、聖地、聖物，這些通通都在加深人的分別心。既然世界只是一場幻，便無所謂神聖或凡俗；既然上主的聖子只有一位，就不可能**既**神聖**又**不神聖；既然大音希聲，大象無形，那麼上主的聖言便不可能裝進書裡或被文字框

住。〈練習手冊〉乾脆明說，上主聽不見我們的「無謂禱詞」（W-183.7:3），〈教師指南〉也曾點出：「反正上主聽不懂人的語言，因為語言乃是分裂的心靈為了繼續活在分裂的幻境中而造出來的。」（M-21.1:7）因此語言是無法幫我們連結上主的，世上沒有一物具有真實性，一點都沒有！別忘了，世界最會騙人，運作於世界的種種法則，都是為了讓我們陷入幻相不能自拔才精心設計出來的。只要卡在人間一天，我們就會陷在營造出世界的那套思想體系裡，日用而不知，根本意識不到它的存在。由此可見，小我有多麼陰險狡猾。

（W-76.2:3~5）**今天的觀念再度提醒你，救恩是多麼單純的事。你只要在它等候你的地方去找，必會找到。不要朝其他地方去尋了，因為它根本不在那兒。**

救恩在哪兒？在人心中。救恩不在哪兒？不在世界、身體，任何具體有形之處。有形有相的層面全都受制於 $2 + 2 = 4$ 的法則，那並非上主所願，所以都不是真的。問題是，我們既已打造出具體的形相作為離間眾生的武器，如今就必須從我們所造的這些形相下手，反其道而行，直搗最初的攻擊之念，並且予以修正。唯有如此，特殊關係才可能變得神聖。耶穌說聖靈不會拿

走我們的特殊關係，只會加以轉化，意思是，聖靈要轉變的是那段關係的「**目的**」（T-15.V.5; T-18.II.6; T-25.VI.4）。祂不會在形體層面大做文章，因為祂對身體毫無興趣，連看都看不到——因為身體根本就不存在，不過是人的幻覺而已！難道你希望聖靈或耶穌精神錯亂，跟我們一樣捕風捉影，看到莫須有之物？不要請祂們幫你處理任何身體的問題了，反倒應該請祂們幫你把注意力從身體移開，回到心靈，認清身體不過是心靈的投影。我們的聖師就在我們心中，那兒才是救恩的據點，才是問題和答案所在之處。救恩正在你心裡等著你，往心裡去找吧，別再往別處追尋了。

〈練習手冊〉說：「你只要在它等候你的地方去找，必會找到。不要朝其他地方去尋了，因為它根本不在那兒。」這話可謂概括了整部課程的精髓，教我們把焦點重新放回心靈。人間的法則和習俗規定什麼合適什麼不合適、什麼正確什麼不正確、什麼神聖什麼不神聖，這些根據 $2+2=4$ 建立的法則，全都是為了讓人「失心瘋」才編造出來的，令我們永遠意識不到問題始終出在我們的抉擇之心。別人控制不了我們，世間萬物都沒有這等能耐，只有**我們**控制得了自己。這點至關

重要，看不清這一點，便會一直陷在小我二元對立的羅網中。世人所謂的「精神控制」，其實指的是大腦。大腦是可以操控的，**問題是，大腦並非真實的存在**，究竟說來，不過是虛無控制虛無的一場兒戲，哪裡稱得上罪惡，聖靈聽了只會一笑置之。誰也控制不了你的心靈，因為心靈不屬於身體，壓根兒不在體內。然而，身體卻在心內，因為**觀念離不開它的源頭**，而不是源頭離不開觀念。正因如此，我們才敢篤定地說「我只受上主天律的管轄」。

我們應時刻謹記，外境沒有一樣東西影響得了我們，但同時也不可否認，目前心靈的焦點依舊片刻不離身體，自甘活在「失心狀態」，屈居世間法則之下。就這一點而言，我們應該誠實面對。表面上，人人都叫苦，說自己被困在不知誰造的身體中，無力脫「身」，殊不知一切都是咎由自取。不僅知見會騙人，經驗也會騙人。但真相不改當初，縱然世界能左右人的身體和腦袋，卻撼動不了我們的抉擇之心，這才是《課程》帶給我們的天大喜訊。

然而，連耶穌也無法干涉我們的心靈，他只能作為愛心、光明、理智的表率，臨在於我們分裂的心靈中，

以自身這盞明燈，呼喚我們回到自己當初選錯老師的那個節骨眼，跟我們說：「選擇我吧！」形體之間固然可以互相影響，活在身體中的我們難免受制於世間的人事物，但那畢竟屬於世間法的層次。我們可是心靈，它們能奈我何！這一課就是要幫我們打破 2＋2＝4 的定式思維，認清答案是 5。這一領悟足以解放我們的知見，讓我們看清，原來世上沒有任何東西能從我心中奪走上主的聖愛和平安。

　　要是這一課沒有這些宗教術語，必會贏得杜氏筆下的地下室人的盛讚，因為這一課傳授的其實就是 2＋2 等於 5 而不等於 4 的道理，它成了你我不受人世束縛的保障。但是，只要我們每天清晨照鏡梳洗時，依舊把鏡中人當成自己，不管我們對鏡中形象滿意與否，都表示我們仍然受制於身體的法則。總之，一味否認現實是沒有用的，根本之道，我們必須撤銷自己對身體法則的信念，因為身體的力量**完全是**心靈賦予的。別人影響得到我，也純粹是因為自己的心靈賦予他這個權力，而這正是我們解脫的關鍵。地下室人一心渴望解脫，但 2＋2 若真的得 4，他便永無重見天日的一天，所以地下室人極力爭取「宣稱 2＋2 有時也得 5」的自由。可以說，

第七十六課便是在教導我們重獲這份自由，因為自由全繫於心靈的抉擇能力，它可以選擇聖靈的真相，也可以選擇小我的幻相；可以把寬恕當作人生的至高原則，也可以把攻擊視為能事。真正的力量，完全就在這一選擇——只要我們憶起自己的心靈本質，一切便盡在自己的掌控之中了。

（W-76.3:1）**你為拯救自己而定的種種詭異又扭曲的法則，其實束縛不了你的；不妨想一想，這一認知所帶給你的自由。**

耶穌曾在〈正文〉囑咐我們，唯有「面對問題的真相，不再去看你希望它成為的樣子」（T-27.VII.2:2），我們才能脫離苦海，獲得真正的自由。問題是，我們制訂出種種 2＋2＝4 的法則來作繭自縛，卻又擺出一副無力回天的無辜面容。要知道，推動世界運轉的一大動力就是攻擊，當初，你我就是因為先攻擊了上主，然後又深怕祂會以牙還牙，才溜之大吉，造出一個弱肉強食的世界。世界之所以會被弄成這副德行，正是因為它源自攻擊上主的分裂之念；攻擊既然是它的存在本質，必然也是它運作的至高法則，我們怎可能不受它的箝制？面對這個永無出路的世界，你**要麼痛下殺手，要麼坐以**

待斃。人間每一段特殊關係的潛規則都不外如此：在你偷我殺我之前，我唯有先下手為強。

想要重獲自由，就必須認清我們是有能力超越種種小我法則的，絕不是靠否定身體、餓其體膚或縱慾妄為，而是要誠實觀照它的真相，不再執著於我們希望它成為的樣子。我們當初就是想玩 2＋2＝4 的遊戲，才打造出身體，藉此逃避更恐怖的 1＋1＝2 的世界。可以說，正是這種瘋狂的心態，才勾出了我們的罪咎與恐懼，所以只有把世界和身體搞成這副模樣，我們才更加看不透其中的荒謬，死心塌地相信 2＋2＝4 、1＋1＝2 的法則。也因此，唯有識破這一騙局，你我方有解脫之日。

假如你生病了，儘管好好照顧身體，只要能讓身心狀態好一點，任何神奇戲法但用無妨。只不過，你心裡必須清楚，2＋2 其實等於 5，你絕不是因為你所認定的理由才受病痛之苦，也不是仰賴你自認有療效的東西而康復的。外面演出何種戲碼，完全是由心靈拍板決定的，你要麼認同小我，要麼決心告別小我。

如果我們真心願意「只受上主天律的管轄」，就必

須著眼於上主天律映現在人間的運作方式。唯有對人一視同仁，才能反映出祂的聖愛，而且還要接受 2＋2＝5 的法則，承認世界並非我們以為的那樣將痛苦和內疚由外面強加於我，了知一切其實是心靈的決定所致，這才算是按照上主旨意的法則而活。有了這番見地，我們才可能真心實意地請耶穌幫助我們回到心靈，重新選擇。即便一時轉不過來，至少我們知道問題出在自己仍舊害怕愛，不敢放下特殊性，害怕從夢中覺醒。最起碼，我們敢於面對真相，再也不自欺欺人了。老師只要求我們看清這一點，所以他才說，他要求的只是「小小的願心」（T-18.IV）。我們什麼都無需改變，甚至不用逼自己相信 2＋2＝5，只需知道，自己之所以寧可相信 2＋2＝4 的世界，是由於害怕 2＋2＝5 的真相會瓦解一切的防衛措施。我們怕的不是小我，而是它的虛無。現在，我們終於明白自己究竟在搞什麼名堂，也能尊重自己出於恐懼的決定，至少不再讓別人背黑鍋了。

接下來是很經典的那段：

（W-76.3:2~4）你真的認為，你若不囤積一疊疊鈔票以及一堆堆銅板，你就會餓死？你真的認為，一粒小藥丸或用尖尖的針筒把一些液體注射到你的血管裡，就能

防止疾病與死亡？你真的認為，沒有另一具身體陪在身旁，你就落單了？

請看看，耶穌如此打趣人類竟笨到相信這些無稽之談，奈何，我們完全被他不幸言中了。不過，他並非**反對**我們去掙錢、吃飯、看醫生、性愛、社交，他只不過是說，雖然我們像一般常人那樣過日子，心裡卻應該清楚，身體不是我們以為的那樣，即便滿足了它的全部需求，我們也不會從夢中覺醒的。若是真想覺醒，就必須在滿足身體的同時，好好看清自己其實是在滿足小我的慾望，它想要我們把自己視為一具身體，忘記心靈。總之，**2＋2 等於 5，不等於 4**，知道這一點就夠了。

我們把身體打造得非常敏感，它的覺受強大到你根本沒法當它不存在。假如你長時間不吃不喝，一定會感到又饑又渴。此外，人人都有經驗，憤怒和性慾的力道更是不容小看。然而，儘管身體的感受好似超乎我們的掌控，但別被表相所惑了，那些感受絕不是身體發出的，心靈才是幕後的推手。就好比木偶戲，木偶本身並不會發火，不會性慾亢奮，更不會焦慮緊繃，一切都是心靈在後面牽線，藉著種種感覺，將我們的注意力由心靈轉向身體。既然如此，感覺本身談何好壞，又有什麼

好得意或沮喪的呢！所以《課程》才會一再叮囑我們，切莫否認人間的經驗，而是要讓眼光越過這些表相，直抵背後的學習目標，認清自己其實是心靈，而不是一具身體。耶穌從來沒有不許我們發火，只是提醒我們別再氣得那麼理直氣壯（T-30.VI.1:1），他還進一步教導我們將肉體經驗轉化為練習寬恕的教室，不再把它用作攻擊的武器。身體為什麼老想欺騙我們？只因身體存在的目的，就是要讓我們看不出心靈才是一切感覺的起因。所以，別被那些感覺矇騙了，它們絕非 2＋2＝4 那麼單純。

總而言之，〈練習手冊〉這一課，無非就是請我們正視心靈的內幕，僅此而已。我說過，耶穌真的不是反對我們社交、性愛、賺錢、吃飯、就醫，然而，這種誤解自從1976年《課程》出版以來就在學員中間引起了許多爭議，至今餘波未平。耶穌只是提醒我們，在應用 2＋2＝4 的法則之餘，別忘了認清真正的答案是 5。話說回來，除非先掌握了 2＋2＝4 的法則，否則就無法看穿 2＋2 其實得 5。我們並不是要否認身體和它的各種需要，只不過，必須提醒自己，這些需求背後另有玄機。身體的一切作為和感受，都是心靈選擇小我或選擇

聖靈所產生的結果，我們只需認清這一點就夠了；也正因它如此單純，才需要反覆提醒。

倘若因著形體上的差異造成你與他人的嫌隙，你就是選了小我；相反的，如果你借用身體感受幫助自己了解你跟別人都有同樣的分裂心靈，可謂休戚相關，那麼你就是選了聖靈。不論你在形式層次做了什麼，只要在內涵或心靈層面毫無排除異己之意，你就是選了耶穌當老師。要知道，身體必然排他，你無法同時跟所有人進餐，也無法同時跟所有人性交，同時跟所有人團聚。然而，即便你只能跟一個人或一小撮人相處，你在心念或內涵層次卻無需把任何一人排除在外，這與外在的表現無關。行為無所謂好壞，感受也無所謂對錯，它們都是中性的，究竟發揮出何種意義，全繫於你在過程中延請了哪位老師助陣。你的目的，決定了你的所作所為是出自正心還是妄心，這跟行為本身並無直接關係。只要出自身體，必然有所取捨，進而形成了愛與恨的特殊關係，身體正是為此目的而造。但是，身體在行為所展現的**意義**，卻是由心靈賦予它的目標來決定的。

重申一遍，我們讀第三段，尤其是二至四句的時候，心中務必知曉，耶穌並非反對凡人的生活，他只是

希望我們能邀他一起過日子，這樣一來，不論做什麼或跟誰打交道，都會神聖無比，因為有那個「神聖之念」與我們同行。假以時日，我們終會領悟，原來那個「神聖之念」不是耶穌，它是每一個人，是我，是你，也是他，只因出於上主的神聖性絕不會厚此薄彼，更不會根據情況而分別取捨。

在層次一，凡是與身體有關的一切皆是虛幻，唯有上主的造化堪稱真實。在層次二，世間的種種盡屬虛幻，但有一點卻至關重要，那就是你的言行舉止是跟誰一起做的，究竟是小我還是耶穌？誠如哈姆雷特所言：「世間萬物不善不惡，人的想法才分善惡。」世上無所謂對錯，端看你拜誰為師——拜小我，那就糟了；選耶穌，可就對了。請注意，此處所說的不是形式或行為的層面。記住，凡是告訴你 2＋2 只等於 4 的，千萬別聽他胡扯。但長兄的話你大可放心，他不僅深知 2＋2＝5 的真相，還會督促你好好學習 2＋2＝4 的人間功課，因為若是逃避世俗的層面，無異於抵制 2＋2＝5 的境界，2＋2＝4 這一步可說是領悟 2＋2＝5 必備的基本功。

（W-76.4:1）只有神智失常的人才會有此想法。

　　但凡相信世界真實存在的人，一定會認同小我的那些想法，然而，耶穌委婉地告訴我們，這正是神智不清的徵兆。我之前已經解釋過，相信 2＋2＝4 的人，精神必然已經錯亂了。耶穌在〈正文〉中也說，我們老愛向「全宇宙唯一對真相毫不知情的東西」請教真相，指望身體和小我教我們辨別真假（T-20.III.7:5~7），所以我們才對 2＋2＝4 的法則深信不疑，以為必須吃飯、呼吸、掙錢才活得下去，身邊有伴才能免於孤獨，就醫服藥方可祛病消災。這都是心靈喪失清明的跡象。

　　既然如此，我們就不能對自己的瘋狂視而不見，或裝出相反的樣子，認為心靈保持神聖了就無需就醫，彷彿**不**看醫生就能顯示自己的神聖似的。關鍵是，你得先去請教自己心裡的那位「聖醫」，**這**才是正途。至於去不去看人間的醫生，都已無關緊要了，你知道那與你的救恩無關。你若覺得就醫與否事關重大，表示你又上了小我的當。哈姆雷特還有一句名言：「我覺得那位夫人表白得有些過頭了。」這句話可謂一語中的，因為世人的表白沒有不過頭的。當你極力表白自己有多愛誰，不論你愛的是某個人還是耶穌、上主，乃至《奇蹟課程》，你其實是想隱藏自己的「不愛」。真理、真

愛一向平和安詳，無需大聲疾呼，《舊約》形容聖靈之音宛若「輕言細語」。杜氏筆下的地下室人則愛咆哮吶喊，這絕非耶穌的風格。總之，看不看醫生，有沒有性生活，是貧是富，根本不是問題，**關鍵是你到底在跟「誰」做這些事情。**

因此，你過凡夫俗子的日子時，心裡有一部分知道 2 ＋ 2 其實等於 5 就行了，也就是說，你知道眼前的一切無不發生在你心中。如此一來，你看起來雖與常人無異，心境卻已截然不同。凡人只相信 2 ＋ 2 ＝ 4 的世界，而且認定自己的一言一行都受制於外部因素，在人間，這種想法再「正常」不過了。然而，我們一旦真正領悟了 2 ＋ 2 ＝ 5 的真相，便再也「正常」不起來了。我們看起來仍跟所有人一樣，不會特地標新立異，只會單純地過好自己的日子，不過，臉上卻更常掛著微笑，面容安詳，眼神寧靜（W-155.1:2~3），散發著難以言說的平和氣息，一視同仁地愛每一個人，不夾雜丁點的特殊性。縱使在形式層面，我們的愛無法擁抱每一個人，但在內涵層面，它絕不再將任何一人排除在外了。

（W-76.4:1~4）**只有神智失常的人才會有此想法。你卻奉它為自然律，冠之以種種名稱，還以一堆無用又無**

稽的名堂加以分門別類。你認為自己必須服從醫學、經濟及健康的種種「定律」〔注意引號〕。只要保護好身體，你就有救了。

我得再強調一次，耶穌並沒有否定身體的需求，這一點已經討論過了。難就難在，我們既不能否定身體的存在，又不能太把它當真。耶穌深知我們仍視自己為這具血肉之軀，當然不會鼓勵我們反醫學、經濟、健康的定律而行，他只希望我們向他學習另一種看待身體的眼光，懂得如何應對 2＋2＝4 的世界，心中卻了了分明，世界在撒謊，真正的答案是 5。

我們的熟人當中不乏養生專家，這原本無可厚非，但如果你是由於內心深處覺得自己很差勁，才想把身體打造得魅力十足，問題可就大了，因為這個不可告人的念頭，會在你忙於打造年輕健美的身體之際，被壓制到內心的底層。然而，即便身體變美了，心靈也不會隨之變美，只有選擇了那位具有真正美感的老師，心靈才會變美。心靈之美就是愛，只要你仍覺得自己是「邪魔、黑暗與罪惡的淵藪」（W-93.1:1），小我就會慫恿你追求名車豪宅、幸福家庭，藉此掩飾內心的自慚形穢。當然，生而為人，總是希望自己美麗、年輕、健康、精力

充沛、光彩照人。像這樣把身體照顧好,何罪之有!只不過,如果你過度熱中,非讓身體變成某種樣子不可,就表示你是在掩飾內心某種相反的感受。分裂心靈最拿手的本領,就是做出跟內心想法截然相反的行為,我們表面上做的那套,往往是為了掩飾內心相反的信念而形成的「反向作用」。

再澄清一下,我絕非反對打扮或保養,你也無需放棄有助於身體舒適或改善形象的習慣。我只希望大家能認清自己究竟在做什麼,而且要心中有數,這些全然無法幫助你療癒心靈。既然學習《奇蹟課程》是為了療癒心靈,進而從夢中覺醒,回歸天鄉,那麼,存心掩蓋自己心靈有待療癒的那一部分,只會令你的步伐停滯不前。你若能讓每個養生行為都以心靈的療癒為目標,那麼你做什麼都錯不了的。反之,你打扮自己的時候,若是認為這也能讓心靈更有魅力,那就糊塗至極了。要明白,打扮跟心靈,一丁點關係也沒有。追根究柢,我們如此注重外形,最終目的正是為了讓身體取代心靈。

先前說過,大家只需誠實反觀自己的所作所為,如此就夠了。我們一廂情願地假定,只要自己魅力無窮,腦袋靈光,強壯健美,存款多多,別人就會對我刮目相

看。耶穌說：「你只需面對問題的真相，不再去看你希望它成為的樣子。」（T-27.VII.2:2）他的要求也僅此而已，雖然他在後面補充了幾句解釋，卻未曾另外指示我們去做一些行為上的改變。他沒說**不能**梳洗或穿漂亮衣服，只請我們每天早上梳洗時留意一下自己的心念，看自己是不是為了吸引某人或取悅尚未謀面的哪一位，才悉心打扮的。這種心理，人人有之，談不上什麼罪過，只不過無法帶你「回家」就是了。你若真想回家，就得不加評判地正視自己的一言一行，同時還不能太把小我當回事。

耶穌還說，身體是我們「引誘別人」上鉤的誘餌（T-24.VII.4:6）。我們必須承認自己的確有這種企圖：「每次有人上鉤，感覺真不錯！而我也真的相信，只要身體引人注目、令人著迷，就能自我感覺良好。」但是，即便身體愉悅了，小我也滿意了，卻絲毫無助於覺醒。如果我們真的有心覺醒，未必需要改變自己的作為，但我們一定要跟耶穌一起正視自己的一言一行。他不會叫我們別再化妝、刮鬍子、挑選衣服，只會請我們好好審視自己究竟在做什麼，並且想一想背後隱藏的目的：「我真以為這樣就能贏得別人的愛慕，拉近彼此的

距離，甚至接近上主嗎？」我們只需反問自己這個問題就行了。

在〈正文〉第二十四章開頭，耶穌說：「要學習本課程，你必須自願反問內心所珍惜的每一個價值觀。」（T-24.in.2:1）請注意，他沒說我們非得放棄原有的價值觀，非得全盤接受他的才行，他只說我們應該「反問內心所珍惜的每一個價值觀」，比如說：「我把自己打扮得那麼漂亮、性感，或顯得很專業，到底是為了什麼？」僅需如此反省一下就夠了。只要肯跟著耶穌一起誠實反觀，便會發覺，那些做法還挺笨的，以後就不會對自己的形象那麼在意了。雖然如此，我們依然可以穿衣打扮，無需顛覆小我的行事法則，只要清楚它背後的企圖就行了，知道煞費苦心的妝扮，等於附和特殊性的法則。每當我們刻意費盡心思妝扮自己，其實是認同了特殊性的法則，以為某種特殊的儀態或樣貌必能討人歡心，否則就黯淡無光，備受冷落。老實說，不論是否察覺，我們一直都在遵行這些潛規則。

世界好似有它自己的一套運作法則，但每個人為自己造的法則不盡相同，而且各有各的詮釋方式，可謂存心製造分裂，所以全都是無理取鬧。要知道，每當

我們一心引誘別人上鉤時，是不可能看到他的基督自性的。我說過，追求特殊性算不上什麼罪過，但老玩這種遊戲，確實愚不可及，至少我們自己就會這麼覺得。總有一天，我們得問問自己：「這跟我的心靈究竟有什麼關係？」答案當然是：「一點關係都沒有！」正因這些舉措跟心靈八竿子打不著，我們才對它們那麼上心。原本，我們那麼害怕心靈，害怕 1＋1＝2 是真的，唯恐它會勾起天人分裂的罪咎，以致遭到上主的打擊報復。然而，哪怕我們自以為捅了什麼婁子，我們真正害怕的，其實是 1＋1 以前等於 1，現在等於 1，以後也永遠等於 1。這唯一符合真相的等式，足以終結我們所有的特殊性。為了保全這個二元分裂的自我，我們搬出身體的法則來抹殺心靈，寧可活在 2＋2＝4 的世界裡，如此一來，就不必回歸 1＋1＝2 的心靈，更無法憶起 1＋1＝1 的永恆真相了。

總而言之，人生最大的荒謬，就是始終把身體當真，這可謂是最根本的錯誤。為了讓人徹底忘卻心靈的存在，小我打造出三千大千世界，它真是連瘋都瘋得相當高明。只要我們想不起心靈的存在，一味認同身體，而且堅信身體受制於外界的身體或事物，比如遺傳基

因、人際關係，那麼心靈便永無重見天日的機會了。想一想，如果對心靈的存在都一無所知，又如何改變它，更別提當初認同小我的那個決定了！

我曾提過，「目的」是《奇蹟課程》特別關鍵的一個主題，因為目的就是一切！把目的摸透了，各種現實狀況、人際關係、疾病等事件的意義，全都會浮出水面。前頭說過，世界是為了令人陷入「失心狀態」而形成的，小我搞出的種種名堂，無一不是衝著這個目的來的。更簡單一點說，小我就是「攻擊上主之念」的代名詞，它自以為就算無法抹殺上主的一體之愛，也可以逼祂就範。世界只是這一念投射的結果而已（W-PII.三.2:1），但我們現在卻認為問題出在世界，因為我們把這一念從心靈投射到身體和世界以後，過去的記憶就封存起來，終至再也想不起自己的來處了。

小我在宏觀層面營造出三千大千世界，又在微觀層面打造出一具具身體。然而，我們一點也不記得這是自己心靈的傑作，更意識不到這個世界其實從未離開心靈這個本源。說白了，我們壓根兒就覺得自己活在心靈之外。就像看電影，心裡明白那全是銀幕中的角色，但知道歸知道，實際上仍然把它們當作真人一般地互動，甚

至還跟他們建立各式各樣的關係，根本忘了眼前的一切都只是身後放映機投射出的影像，一場「以假亂真」的大幻劇罷了。其實，裡頭一個人都沒有。耶穌說「世界根本就不存在」（W-132.6:2），可不是一種比喻！《課程》固然有不少比喻或象徵的說法，但這句絕對不是。

我們若是為身體操心，可謂正中了小我下懷。在小我統治的世界裡，一切顯得理所當然，但是，世間的法則根本無法自圓其說，都是小我憑空捏造出來的，目的是要將我們牢牢困在人間。比方說，如果我們覺得某個物件是由於重力而落到地上的，表示我們相信重力法則的存在。其實，真相是，我們手裡的東西之所以會掉下去，純粹是因為我們人類集體的夢境設定了重力法則，只要一鬆手，手裡的東西就會掉落。想一想，如果連手中的東西都不存在，還有什麼重力法則可言？然而，我們仍然死守著「只要保護好身體，我就有救了」的信條，難怪耶穌要再次提醒我們：

（W-76.5:1）這算什麼自然律，根本就是瘋狂。

不論為了什麼事而心煩，只要向耶穌求助，他必會幫助我們了解，自己心煩的那件事根本就不存在。他會

透過我們能夠接受的形式示現這一愛的助力，但不論採用何種形式，內涵永遠都是 2＋2＝5，而非 2＋2＝4。耶穌還會讓我們領悟到，心靈之外沒有一樣東西傷害得了我們。既然耶穌會顧及我們的恐懼來因材施教，我們就無需過分看重自己收到的具體指引，因為耶穌的答覆就是愛本身，無形無相，是心靈將它轉化為某種具體形式的，所以請大家務必當心。我們真正渴望的是符合 2＋2＝5 的答案，它會告訴我們：「別把力量交給任何世上的東西，任憑它們控制你。你隨時都可以放下人世的糾葛，選擇我對你的愛。只要有此決心，你就會恢復平安的心境。」這才是本課所要傳遞的訊息。耶穌沒說：「跟我來吧，我教教你怎樣在水上行走，怎樣永遠不用看醫生。」他才不在乎你看不看醫生，他連虛幻的身體都不當回事，又怎會相信醫生的存在？這些話，不論強調多少次都不為過。要明白，不論你是為自己還是為了全人類的事而煩惱，都已經掉入小我的「失心」陷阱。再說一次，世間紛紜萬象都發生在心靈層次，**觀念是離不開它的源頭的**。

如同我們的睡夢一般，夢裡不論出現何等駭人的情景，眼睛一睜開，我們都好端端躺在床上。同樣的，接

受了救贖之後「睜開眼睛」，我們也會發現自己仍活在心靈中，始終保持著「心念」本質，我們自以為親眼所見的景象頓時消失不見，彷彿電影結束時，畫面淡出銀幕、留下一片空白，其實銀幕自始至終都是空白的，從未有過什麼實物，而我們卻煞有介事地跟那些影像互動。難怪耶穌嘆說：「太荒唐了，徹徹底底的荒唐！」

那麼，我們該如何將這番道理運用到日常生活中？不妨這樣做：一旦煩惱生起，就提醒自己：「世界絕不是我認定的樣子。」這樣做，就等於領受了前面讀到的課文：「你只需面對問題的真相，不再去看你希望它成為的樣子。」想一想，我們把世界搞得問題叢生，永遠都有亟待解決的麻煩，可見小我有多麼陰險狡猾，若非它手段高明，又怎會撐了個百千萬劫？看看世間形形色色的宗教和靈修學派就知道了！除了少數的例外，它們多半令人「失心」得更嚴重，甚至誣陷上主創造了這個世界，拉祂到幻境中為我們解圍，跟我們一起陷入失心瘋。然而，物質世界再怎麼逼真，終究是一場幻覺。

（W-76.5:2~3）當心靈傷害自己時，身體才會瀕臨危險。身體受苦，是為了讓心靈看不出它在自作孽。

　　「當心靈傷害自己時，身體才會瀕臨危險」，這句話真可謂一針見血！我們所遭遇的危險，絕不是源自這個根本就不存在的世界，而是由於心靈自甘把罪咎看得很嚴重，然後將它投射在外面，陷入「失心」狀態，活得脆弱又無助，受制於外在諸多的「不可控因素」，淪為無辜的受害者。從此，我們的不平安、不健康、不快樂、沒希望，都不再是自己的錯了，只能怪罪於遺傳基因、荷爾蒙、父母、世界、惡勢力、總統、天氣、股市，或者隨便什麼東西都行。《奇蹟課程》告訴我們，這種想法根本就是發瘋的表現。

　　是的，我們放著耶穌不選，偏偏去拜小我為師，等於存心殘害自己的心靈。剛才那句課文絕非聳人聽聞，只是非常不容易用在生活中。只要一回到現實生活，世界的喉舌（包括我們自己的聲音）就會對我們喋喋不休，分秒不停，逼得人不得不當真。偉大的詩人華茲華斯說過：「這世界對我們來說實在是太沉重了。」說得真好，但是，真正的負擔不是世界，而是我們自己的妄心，只不過我們寧願相信是世界出了問題。別忘了，小我的一貫伎倆就是讓人「失心」，只要我們失去了心靈，它便可高枕無憂。但也別忘了，小我並非什麼魔

鬼，或另外的某種生命體，它就是我們的一部分，只
不過酷愛用它那個特殊、個別、失心的「我」，來頂替
「真我」。

　　也許有人會覺得奇怪，既然是我們自己夢出了這一
整個世界的，怎麼竟如此窩囊，把它夢得烏煙瘴氣？然
則，事實正好相反，我們不僅**沒**搞砸，還可謂是「求仁
得仁」。人類就是這麼瘋狂，世界愈亂，我們愈是拍手
叫好。換言之，是我們存心讓世界的問題層出不窮的。
只要世界始終處在分崩離析的狀態，恐怖事件接二連
三，我們就會精神大振，為各式各樣的問題請纓奮戰。
從一己的疾病，到人類的集體殘暴、邪惡、苦難等種種
病態，每一個問題都彷彿有著切身之痛，讓你不得不相
信這個世界真實不虛，任誰也無法不把小我打造的曠世
奇夢視為至寶。我們從不質問小我的證人——身體，反
而向這個撒謊成性的傢伙請教真相（T-20.III.7）。我們
向全世界頂尖聰明的身體和大腦請教什麼行得通、什麼
行不通，又如何才能行得通，就是不去質疑身體的說
詞、拆穿它的西洋鏡。

　　所以，就像我之前說的，千萬別向只相信 2＋2＝
4 的人求助，不論他說得多麼頭頭是道，都無法帶你回

歸真正的家園。也許他能幫助你解決身體層面的問題，但絕對療癒不了你的心靈。我們學習《奇蹟課程》，不就是為了療癒心靈嗎？否則何苦多此一舉？問題是，我們尚未意識到自己心裡有一部分是不願獲得療癒的，佛洛伊德稱之為「**抗拒心理**」，我們必須意識到它的存在才行。倘若你真心渴望療癒心靈，從夢中覺醒，回歸家園，你唯一能做的就是認清世界的本質就是撒謊，當中的一切，包括身體，全都在混淆視聽，隱藏 $2 + 2 = 5$ 的真相。所以，只有先學會明辨虛實，我們才可能回歸 $1 + 1 = 1$ 的生命源頭公式。

為此之故，我們必須正視自己有多麼不想學習耶穌的公式，即便自詡為修行之人，也寧願「失心」到底，拉著耶穌一塊兒「失心」，甚至希望上主也「神」智失常。如此說來，世人熱中於成立宗教，學員熱中於《奇蹟課程》，都有類似的企圖。難怪《奇蹟課程》一再聲明，它不是宗教，別把它改造成宗教，設置神聖儀式，追逐神聖偶像，舉辦神聖慶典。可以說，歷史上任何宗教和靈性學派都避免不了的山頭派系之爭，奇蹟學員恐怕也未能免俗。但《奇蹟課程》不是這些東西，它是**一個**靈性法門。請大家務必警惕，小我的陰謀就是讓我們

失心到底，只顧在人間的形體與形式處處分別取捨，不惜犧牲心靈與內涵。

（W-76.5:4）**身體的痛苦是心靈用來隱瞞真正痛處的一種障眼法。**

　　這句話再度切中要害。試問，真正的痛處在哪兒？只有選擇了小我的那部分心靈，才可能會痛，因為選擇小我，就等於判自己有罪，而且罪責難逃，隨時會遭到上主降下的滅頂之災，內心勢必擔驚受怕。沒有比這種自我憎恨的罪惡感更難忍受的了。身體的痛苦總還有個盡頭，但內心自責的劇痛卻彷彿永無止盡。想像一下，以為自己毀了天堂，那種念頭多麼恐怖，多麼罪不可赦：我們竟玷污了上主純淨的聖愛，把它糟蹋成「芳香四溢」的特殊性，令人掩鼻而逃。就這樣，我們自知難辭其咎，內心才會這麼痛苦。

　　然而，我們卻將心靈之苦嫁禍給身體，讓它承受所有的痛苦。當時造出身體的目的，其實就是為了讓它來頂罪，全人類的身體都難逃此一大劫。但說穿了，把身體整慘的其實是我們的「精神病」，以為害死「別人」，自己就會好過一點。活在世上的每一個人都有這

種信念，每一個人都患了這種心病，有的乾脆去轟炸別人，有的只在心裡發火。在相信 $2 + 2 = 4$ 的人眼中，這兩者有如天壤之別，其實它們並無實質的不同。之前跟大家引用過耶穌的話：「一絲不悅只不過是掩飾震怒的一道屏障罷了。」（W-21.2:3~5; M-17.4:4~7）心裡發火、心存評判，或用炸彈殺人，是沒有任何區別的，本質都是恨，而且還存心扭曲問題的真相，把責任推給世界，不承認問題其實出在我們自己的內心。為了掩飾心靈的罪咎之苦，我們把痛苦嫁禍到身體上頭，將注意力緊盯在這個心外之物，於是就再也意識不到自己內心深處的罪咎，只看到自己和所愛之人的身體在受苦。

（W-76.5:5）**它從不了解真正的敵人其實是自己，是它在攻擊自己，想置自己於死地。**

心靈不知道真正的敵人是它自己，「是它在攻擊自己，想置自己於死地」，結果反而把自己那套罪與罰的思想體系投射給身體。如此說來，癌症、疾病、戰爭，甚至上主，都不是我們真正的敵人，跟我們作對的是選擇小我的那部分心靈。幸好，它同樣能夠選擇聖靈，將自己救拔出來。總之，幸福也好，不安也罷，全都同出一源，端看心靈所作的決定。

（W-76.5:6~7）你的「自然律」就是要把身體由此困境中解救出來。然而正因如此，你才會認定自己真的是一具身體。

　　小我告訴我們，變成身體以後就萬事大吉了，只要學好世界的規章法則，搞清楚是非，分辨健康與有害、靈性與凡俗，從此便無後顧之憂了。問題是，世界根本是個瘋人院，我們反而要超越它的種種形式，把握住內涵層面，才能活得平平安安，因為陷我們於水火之境的，正是小我的內涵——罪咎；而也唯獨聖靈的內涵——真愛，才能保障我們平安無虞。問題和答案，全在抉擇者的一念之間，也因此，我們的焦點得隨時拉回內涵層次才行。

　　這也就難怪我們會覺得《奇蹟課程》很難操練了！究竟說來，它並不是一部單純的自修書籍，僅僅教我們停止評判、學習寬恕、放下恐懼、信賴上主之愛，最後牽起耶穌的手回家。這套靈性傳承不但要教導我們明辨失心與覺心，而且還要看出世間萬物的失心本質。認清了這一點，我們才更容易了解這部課程的精髓所在，明白耶穌的角色，以及他是如何幫助我們的。這位長兄無非是一個不折不扣的象徵，而象徵本身並非實質的存

在。我們也是一個象徵，同樣都不存在，只不過我們象徵分裂，因此需要象徵救贖的耶穌來幫助我們從充滿分裂、罪咎、特殊性的夢中覺醒。請注意，這些話都屬於心靈層次或心念層次的事，所以才說，福音所描繪的耶穌跟《奇蹟課程》的耶穌根本是兩碼事，就像比較蘋果與柳橙、失心與覺心一樣，兩者不具可比性。福音強調的是有形的罪惡與救贖，跟心靈八竿子打不著，而這部課程的耶穌則徹底罔顧身體，純粹針對心靈。比方說，他在《課程》中，曾直接駁斥天主教神學中的聖體觀念：「我深知身體的渺小卑微〔也就是虛無〕，豈會把自己的身體賜給我所深愛的你？」（T-19.IV.一.17:5）所以，耶穌真正要給我們的，乃是他全然療癒的心靈——那象徵著我們自己早已痊癒的心靈。

（W-76.6:1~2）**除了上主的天律以外，沒有什麼自然律。你需要反覆的提醒，直到你明白這句話可套用在你為反對上主旨意而妄造出來的一切事物為止。**

上文所說的「一切事物」，是指天下間的**每一事、每一物**，因為世界原本就是為了跟上主圓滿一體的旨意作對而打造出來的，因此沒有一樣東西骨子裡不是分裂，所以耶穌才說：「這句話可套用在你……妄造出來

的一切事物。」再次提醒我們別把人間事當真，也就是不要任由人間的事物奪走我們心靈的平安與仁愛。他當然不是要我們嘲笑別人的苦難，或對自己的傷痛不聞不問，只是叮囑我們切莫賦予世界任何力量去破壞上主及聖子心目中的愛。這種能耐完全是修練出來的。每當我們灰心喪氣、不耐煩、發火，或者忘了自己的初衷，這種時候，當下便提醒自己，世界絕非它表面呈現的那副模樣；同樣的道理，我們的朋友柏拉圖在兩千五百年前就已經講過了。

然而，我們必須先覺悟自己的心靈本質，才可能避免層次混淆的迷思，真正發揮出「我只受上主天律的管轄」這個觀念的力道。平心而言，只要活成肉體凡胎，必然處處受制於世間法則，而且自出生起便已註定，因為那是我們自己的選擇。從幼年、童年，到青年、成年，直至老死，一路下來，沒有一個階段不受生長發育規律的操控，即便每個人的遭遇略有不同，最終都逃不出人間的「法網」，終歸一死。比方說，依照人體的規律，視力會隨年齡增長而逐漸退化，時間的早晚雖然因人而異，但結局都一樣是死亡。沒有錯，身體確實變幻莫測，而且最後難逃一死，但絕不是因為真有什麼身體

的法則在制約它，完全是因為心靈自甘淪為身體，自甘受無明法則的箝制，自甘活在分裂、罪咎和懲罰的陰影當中。

這種思維方式，需要時時刻刻保持儆醒才可能扭轉得過來，真的一點都不容易。比方說，我們在研讀《奇蹟課程》的時候，很難不站在身體的角度去理解，直到有一天頓然開竅，才發覺耶穌原來並不是在對你這個「人」發話，而是在提醒時空之外那個「抉擇者的你」，這時你對《課程》的體悟必會提升到另一層次，進步的神速，絕非往日所可比擬。因為在豁然開朗之際，你超越了理性的認知，體會到「耶穌確實不是在跟一具身體發言」，他其實一直想告訴你，實相裡根本沒有「**你**」這號人物，因為「天堂之外沒有生命可言」（T-23.II.19:1）。在「無明亂世的法則」一節，耶穌問道：「即使為骷髏畫上玫瑰般的紅唇，把它打扮得嬌艷動人，馴養它，撫育它，你能使它重生嗎？」（T-23. II.18:8）想一想，我們以為把身體妝點得精神抖擻，就能賦予它精氣神了，然而它終究不是個活物，耶穌幹嘛要跟一個沒有生命的東西白費唇舌呢？不消說，他自然是在對心靈內的抉擇者發言。

　　剛才說了，《奇蹟課程》真的不容易學，生而為人，很難不以身體的認知方式去捧讀它；想要撤銷身體的認同，絕對沒那麼簡單，因為人人都打心底相信自己就是身體。終有一天，我們會恍然大悟，你我自始至終都把《課程》學錯了，得放棄舊學、從頭來過才行！以前一直從身體的本位去詮釋課文，以為耶穌是在教導人間這群血肉之軀如何互動，哪些事可為、哪些不可為。我們甚至會說：「是啦，耶穌講的是心靈層次，身體只是虛幻之物，但他應該不是真的這個意思！」就這樣，我們把耶穌的訊息「解離」到內心的角落，一面認同「身體」，一面高高興興地「靈」修，認為有朝一日返回天鄉的是這個人，是這具身體。

　　由於已經徹底誤解了自己的生命真相，接下來自然就會追問死後會怎樣。問題是，你我既然不是這具肉身，又怎麼會死呢？更何況身體本非活物，又何來死亡？人死時並沒有真死，連他自以為活著的時候其實也沒有真的活過。老實說，這種問題只有認同身體的人才問得出來，足見小我多麼神通廣大，竟發明出壓抑、解離、投射等等心理機制，讓我們看不清耶穌的教誨自始至終都在針對心靈，以為《課程》是耶穌這位「有形」

的老師在給我這個「有形」的徒弟上課呢。

　　容我再說一次，耶穌也好，《課程》背後的大愛也罷，全都在跟我們心靈內的抉擇者對話，況且耶穌已經不用再藉著語言文字來交流了，我們其實是在自言自語，提醒自己放下恐懼、選擇真愛罷了。本課程選擇了耶穌和聖靈作為真愛的象徵，世上也還有許多其他的愛的象徵（C-5.1），所有這些都無非是由於我們認同了身體，心靈才只好將無形無相的大愛轉化成親切而不致引起恐懼的某種形式，結果我們卻以為耶穌是在跟我這個人說話。下面我來講一則海倫的軼事，大家便能體會到我這番話的深意了。

　　有那麼幾次，海倫體驗到一種超乎個人的大愛。我就在她身邊，剎那間，她彷彿靈魂出竅似的，表情完全變了樣，聲音雖倒還是老樣子，但不再有任何小我的成分，一點抑揚頓挫都沒有，宛若化外之音。等她「回過神來」，面色恢復往常，她形容自己體驗到了「超乎耶穌、言語道斷」的境界。換句話說，她剛才越過了耶穌這個具體的象徵，直接契入了背後的上主聖愛，所以她說話的語氣才如此超凡脫俗，雖然已不記得她說了些什麼，但我感受得到，那一境界已然超越人間所有形相，

超越語言，甚至超越了她所熟悉的耶穌這個人。那一刻，她不再是我認識的海倫，感覺完完全全是一個無我的生命。

當年海倫從耶穌那裡筆錄訊息時，我常常就在她身邊。不論她的所感所記有多神聖、多美妙，她卻終究擺脫不了二元的特性。然而，一進入那種超凡入聖的境界，真正的「海倫」就變得如此純粹，只可惜這一境界無法久留。耶穌在〈教師指南〉「我們能夠與上主直接相通嗎？」那一篇明白告訴我們，除非「先清除真理道上的所有障礙」，否則是辦不到的，而且與上主契合的經驗至多只能維持片刻，因為脫離肉身的體驗要是繼續下去，我們就「不久於人世」了（M-26）。在海倫躍入超時空之境的片刻裡，臉還是她的臉，整個氣色卻可謂煥然一新，語言不足以形容，只能說是一點小我的味道都沒有了，雖然她依然活著，她的紅塵生命卻彷彿霎時被吸空淨盡了，套用佛洛伊德的話來講，她當時一點欲力（libido）、一點人氣兒都沒有了。在我認識海倫的年歲裡，這種情形大概發生過那麼三五次，每次她回神之後，都說自己體驗到了「超越耶穌」的境界，意思就是超越了一切具體的層次，猶如置身於超乎塵世的純粹聖

愛中，那樣的心境著實沒有絲毫分裂的痕跡，連抉擇者都不復存在了。

　　我在為海倫寫傳記時〔原註〕，將這種狀態稱為她「女祭司的一面」，這一面的「海倫」才是《奇蹟課程》的真正來源，就是這超我之境為《課程》注入了無形的威信，給了它引人入勝的力量。從實相層面來講，《奇蹟課程》的來頭遠遠高過我們所謂「耶穌」的象徵，乃是直接從那「非具體」、「無小我」的聖愛流出的，只不過是經由這個名叫海倫的心靈來到人間，化作這許多的文字跟理念而已。假使海倫一直留在那種境界，或許我們現在就讀不到《奇蹟課程》了。可以說，她為了留在人間，好似在內心深處動了手腳，自願活成一個充滿矛盾的人，如果換成那位認同「無小我」的女祭司，恐怕便無法記錄這部課程了。

　　我想，不論歷史上的耶穌在我們心中是哪號人物，或許他在世時也始終如此超塵絕俗，抓著小我不放的人是沒法在他身邊久留的。為此之故，世人只得將耶穌降格為一具血肉之軀，傳頌他的生平事跡。研究過「比較神話學」的人，都能在〈新約〉的諸多記事中看出端

〔原註〕即《暫別永福》，詳見第十七章與後記。

倪，那些作者將人物原型的性格特質，也就是他們自己的小我，嫁接到耶穌身上，才打造出這麼一個有名有姓、有家世背景的傳奇英雄。

我一直強調，《奇蹟課程》的真實源頭乃是純粹而「無小我」的大愛之境，但如果我們只看到表面上的海倫，她的筆錄工作就會好似「她聽到耶穌的話然後記錄下來」的一種二元互動。奇蹟學員對筆錄的過程大多耳熟能詳，我講過的那些故事跟 2＋2＝4 一樣真實，也就是說，**並沒有**那麼真實。要記得，那些動人的故事不過是一種象徵，目的是向我們這群認同身體之人傳遞真理，縱然它是透過人間的形體來傳達的，但那種愛絕不限於世俗有形有相的愛。換句話說，世人並不真的了解海倫，也不是真懂《奇蹟課程》筆錄背後的玄機，或者說根本不懂這部課程是怎麼一回事。**它根本不是針對形體層面的學說**，而是要教導我們每一個人深入自己的正心，因為那才是真愛所在之地。海倫辦到了，實在堪為我們每一個人的榜樣。她常跟人說：「我能辦到的，你也一樣可以。」聽見天音不是什麼了不起的大事，人人心裡都有那一聖愛供自己求助，但如果還把耶穌當作兩千年前的那個人物，把自己視為另外一個人，就勢必會

迷失在充滿象徵符號的迷障裡，處處受制於 $2＋2＝4$ 的世間法則。

　　儘管海倫的生平相當吸引人，但若一味執迷於故事表面，便會陷入虛妄，因為 $2＋2$ 並不等於 4。究竟說來，《奇蹟課程》不是一部書，耶穌也不是有形之人，他的課程更不是來教導活在肉體內的人，它完全是來教**心靈**如何抵制恐懼之念，選擇愛的思維方式。唯有真正領悟這一目標，才能懷著純粹的愛跟所有人相處。既然耶穌和海倫屬於聖愛之念，我們必定也是，一如這部課程。同理，既然「天堂之外沒有生命可言」，這部課程跟我們一樣，也都沒有生命。人間不論有情眾生還是無情眾生，同樣屬於象徵符號，只不過我們採用了身體的符號，《課程》則採用書籍的符號，但背後的愛是一樣的。不幸的是，為了維繫自己的個別身分，我們想方設法賦予身體特殊的意義，忍不住渲染耶穌、海倫和這套藍皮書的特殊性。

　　總而言之，如果從身體的角度去理解本課的內容，只會令它失去原有的意義；一旦明白了耶穌是在「將心比心」、傳授「心」法，課文的深意便會浮現出來。接著，請看課文下一句：

（W-76.6:3）你那套神通把戲毫無意義。

　　舉凡從心外解決根本不存在的問題，《奇蹟課程》一律稱之為**神通把戲**（magic，也譯作怪力亂神）。唯有從心內解決虛幻問題的做法，才算是真正的奇蹟。區別就在於，神通把戲想要解決的是形體層面的虛假狀況，而奇蹟對治的則是心靈層面莫須有的罪咎心理，一眼看穿它的虛幻，直視光明之境的真相，罪咎自然煙消雲散，因為我們已經看清了事件背後的玄虛，不再被自己編織的故事所矇騙。只要我們還相信自己杜撰的故事，就不得不求助於種種怪力亂神的解方，這些都屬於耶穌所謂的「神通把戲」的範疇。比如身體病了，得看醫生；關係搞砸了，落單了，得再找一個伴；戶頭空了，得掙錢；肺裡空虛了，得吸氧；覬覦他國財富，那就開戰！所有這些，無一不是「神通把戲」的思維方式。凡是用世俗方法解決形體層面問題的，不論個人行為抑或集體行為，都不出神通把戲之列。在此必須提醒一下，耶穌說得很清楚，神通把戲稱不上什麼罪過，只要我們仍然視自己為一具身體，就不該刻意迴避它的需求，但心中必須清楚，那些純屬怪力亂神的做法（T-2. IV.4,5）。

（W-76.6:4）**凡是它企圖拯救之物，其實不存在。**

我們每個人都想解決自己身體的問題，人類集體則想解決社會的問題，然而不論身體還是世界，其實都不存在，更不可能是問題的根源。這短短幾句話說得不能再明白了。我們唯一該做的就是正視這**小小的瘋狂一念**，看著它在日常生活中的荒謬演出，然後大笑一場——但不是自嘲，也不是自我攻擊，而是因為自己太笨了，竟然相信上主之外的虛幻之物足以干擾自己心裡的愛和平安。

只要看破小我賦予世界跟身體的目的，事情就簡單多了。開始時，只是理性上的了解，假以時日，就會愈來愈有切身的體會（W-284.1），看出小我的興風作浪，無非就是想把我們的注意力釘在「非心」之物上，而它也確實如願以償，混了個百千萬劫。它的存活完全得靠心靈對它的倚賴，一旦心靈不信它那套，小我立即灰飛煙滅，只因它本來就啥都不是。跟上主分裂的企圖怎麼可能成真？然而，你一旦相信有此可能，海市蜃樓便會隨著你的幻覺平地而起，令你更加篤信分裂的存在；但請記得，只要你一回心轉意，小我就會消失得無影無蹤。在那當中，唯一的障礙就是：我們老是心甘情

願地任自己失心下去。

因此，在照顧身心需求的同時，別忘了你其實是在支持自己選擇小我的決定。你可以平心靜氣地照顧好身體，不去作任何評斷，也可以滿腔怨尤地料理身體的特殊需求。不論如何，身體永遠是中性的，即使你選擇生病，你的病也仍是中性的；不論你出於何種動機而開始一段關係，這段關係仍是中性的；縱然你投胎於世，你的人生也是中性的。它們具有何等的意義，全看你追隨哪一位老師，究竟是玩弄神通戲法的小我，還是傳授奇蹟之道的聖師？

（W-76.6:5）**反而是它有意隱藏的，倒有拯救你的能力。**

又是擲地有聲的一句話，再度提醒我們，當初打造身體不為別的，就是為了抹殺心靈的存在，不讓我們知道心靈乃是得救的關鍵。〈正文〉有一段話直接點破，身體和世界的存在目的就是為了隱藏罪咎（T-18. IX.4），讓人意識不到自己內心的罪惡感。只要身體繼續聽任罪咎擺佈，就會把我們一直蒙在鼓裡，看不清背後的真相。更糟的是，肉體感官根本感知不到心靈的罪咎，只會感知五濁惡世，從而證明問題都在別人身上。

換言之，身體的「天職」就是**阻礙**我們回歸心靈的本源，令我們永遠陷在失心狀態，萬劫不復。

（W-76.7:1~4）**上主的天律是永遠不可能被任何東西取代的。我們今天一整天所要慶祝的就是這一事實。我們再也不願隱藏這一真相了。我們總算明白了，這個真理會帶給我們永遠的自由。**

耶穌說「我們再也不願隱藏這一真相」，只怕過於樂觀了，他假定我們既然操練到這一課，便應該無意再用身體拖延心靈接受救贖了。

問題是，世界仍會繼續束縛我們，這一點，杜氏筆下的地下室人看得很清楚，人人都逃不出 2＋2＝4 的運作法則，只有他起身抗議：「我再也不願受到束縛了！」所以我在本書「導言」中，說他是近代文學史上第一個存在主義英雄。

（W-76.7:5）**你的神通把戲只會束縛人，唯上主的天律方能帶給人自由。**

神通最容易令人忘卻心靈的存在，等於徹底禁錮了心靈。但這並不是說，你下次頭痛就不該吃阿司匹林

了，只是你在服藥時心裡應該明白，吃藥不過是在對治小我給你製造的表面症狀，加深你對身體的認同。一旦意識到這一點，自然會想起心靈的存在，令小我再無造次的餘地。然而，如果你因為問診服藥缺乏靈性而拒絕就醫，反而會鞏固小我在你心目中的聲勢，根本無助於否定它的存在，因為這等於先承認小我的強勢，然後再表白你不會任它猖獗氾濫。問題是，根本不存在的東西，猖獗氾濫得起來嗎？當你宣稱不會任小我坐大時，你其實已經賦予它力量了。要記得，對抗永遠解決不了問題，正如《聖經》那句名言所說：「不要與惡人作對。」（馬太福音 5:39）

你會生病，表示你已經相信自己是身體了，換句話說：「恐懼已使他們〔你〕欲振乏力了。」（T-2. IV.4:8）所以耶穌提出一條幻術與奇蹟並行的中間道路，可以一邊採用**神通幻術**，也就是你覺得有效的醫藥或其他的療法，同時一邊選擇**奇蹟**，覺察自己究竟在做什麼。記住，寬恕是「寧靜的，默默地一無所作……它只是觀看、等待、不評判」（W-PII. 一 .4:1,3），切莫跟小我交戰，什麼也不要做，只需好好觀看，感受心靈的選擇，接著自然會明白，你不是為了自己以為的理由而

沮喪（W-5），也不是為了自己以為的理由而生病，更不是因著你以為的理由而痊癒的。當初你是因為選擇了小我才頭疼的，如今你接受了聖靈，或許你仍會去吃一片阿司匹林，但真正具有止痛功效的不是阿司匹林，而是你不再傷害自己的那個決定。〈教師指南〉有一節點出，我們看似是依靠某種「助緣」康復的，其實這個助緣反倒遮蔽了背後的真相。真正使人康復的乃是心靈的一念之轉（M-5.II.2），只因為我們依舊認同身體，又害怕心靈的力量，才會誤以為是阿司匹林把病治好的，殊不知，對心靈的恐懼才是令我們發病的元兇。問題是，我們仍在害怕心靈重新選擇的能力，然而，這也恰恰反映出，我們隨時都可以扭轉當初的決定的。

我要強調一點，請務必尊重自己的恐懼和抗拒，別跟自己較勁，也別裝得多麼有靈性；你要是真的那麼脫俗，今天就不會在這兒了。此刻，你不僅活在人間，而且還活得病懨懨的，這就足以證明你並非自己想像的那麼有靈性。但**這不是什麼罪過**，只要肯寬恕自己如此缺乏靈性，你的靈性反而會恢復生機。你也得寬恕自己投生人間，並且害身體生病的決定，不妨跟自己承認：「唉，這不就是典型的小我作風嗎？看來我真的很害怕

真相。」這樣你至少還算誠實。然後，儘管去吃阿司匹林，儘管去減輕痛苦，別再批判自己頭疼就成了。切記，寬恕「只是觀看、等待、不評判」。

前文說了：「你的神通把戲只會束縛人，唯上主的天律方能帶給人自由。」它的前提是，我們必須實實在在地活出這一天律，不再認同身體，重申自己的心靈本質；而且還得選擇正知見，不再妄下論斷、排除異己，這才算是活出了眾生一體的天心法則。其實，連「眾生」都是一種虛幻的象徵說法，因為生命只有一個。總之，只要又開始評斷，哪怕只是批判自己，立刻就會落回小我罪咎與憎恨的思維循環中。

下面請看最後一句：

（W-76.7:6）光明已經來臨了，因為除了祂的天律以外，沒有什麼自然律可言。

光明當然已經來臨了，因為它一直都在。而且，「光明已經來臨了」，更是因為**你我終於願意來到光明面前**，接受救贖之念，接受聖靈，接受我們對上主的記憶。自從我們沉睡入夢以來，這份光明始終在我們心中，提醒我們只有一個上主，也只有一套天律，其他的

法則都是人為捏造的。最後，我還要重申一次，只有拋開 2＋2＝4 的身體思維，從 2＋2＝5 的心靈思維來解讀這一課，才可能讀出箇中的深意。當然，我們難免會再度陷入身體的思維，可是至少要意識到自己正以分裂的眼光解讀課文，承認這種讀法必然會曲解《課程》的教誨，這就算是真正在修練奇蹟了。

9 上主天律在人間的倒影

接下來的幾段課文直指世間法則，在揭露背後運作內幕之餘，為我們點出如何踏踏實實地在人間活成上主天律的倒影。首先來看〈正文〉「恩典之境」這一節。

（T-7.XI.1:1~2）**聖靈隨時都會真實無誤地為你指引前程，因為你的喜樂即是祂的喜樂。這是祂對每一個人的旨意，因為祂是天國的代言人，天國就是喜樂。**

這整段話的關鍵在於「這是祂對每一個人的旨意……」。反觀 2＋2＝4 的世間法則，只會教人分別取捨，將世界劃分為各種對立的陣營：贏家和輸家、好人和壞人、受害者和加害者、該當懲處甚至該當一死的和應該赦免的，不一而足。這怎麼可能是聖靈的旨意？祂不是希望眾生都能幸福快樂嗎？由此可見，世俗的心態可謂跟聖靈背道而馳。平心而言，我們並不希望**所有**人都能快樂，例如不肖的家人和不良的同事不該快樂，

混跡於世的各路惡棍更是不配。唯有如此這般從世界挑
出一千人，打上「有罪」的烙印，我們才好堂而皇之地
把潛意識的罪咎投射到他們身上。也因此，我們壓根兒
不想祝福這些罪人，或者說，我們根本「無法」祝福他
們，只因小我「**非你即我**」的立身之本就是：「福氣給
了別人，我就沒有了；我若想快樂，非得犧牲他們的快
樂不可。所以我暗地裡期待他們過得很慘，代我活出那
『隱秘的罪咎、深埋的怨恨』（T-31.VIII.9:2）；只要我
投射到他們身上，我就有攻擊他們的藉口。唯有他們活
得不快樂，才能反襯出我的快樂。」不消說，這種心態
跟聖靈的旨意完全大相逕庭，只會讓小我竊喜不已！

（T-7.XI.1:3）**因此，跟隨祂原本是世上最容易的事，也
是唯一容易的事，因為這事不屬於世界。**

　　人活在世上，隨時都得跟世俗的瘋狂行徑配合演
出，明知真相並非如此，卻不得不去適應 2＋2＝4 的
生存法則，難怪我們活得那麼辛苦！我們亦步亦趨地
跟著 1＋1＝2 這個瘋狂之念投射出的亂世起舞，殊不
知，真相永遠是 1＋1＝1，而上主之子也從未離開過
他的生命本源。既然聖子奧體只有一個，那麼，所有狀
似獨立的個體始終結合在一體生命之中。世界卻偏偏跟

真理唱反調，讓我們相信每個人都是彼此獨立的個體，
而且遵循的是 2＋2＝4 的法則；它甚至搬出科學，證
明血肉之軀個個大不相同，其中更不乏作奸犯科之輩。
這就是人間所信仰的法則，沒有一條不跟天堂圓滿一體
的天律背道而馳。

　　幸好，即使在夢裡，生命依然體現得出圓滿一體的
天律，因為每個人的心靈內涵都完全一樣：既有妄心、
正心，又有從中抉擇的能力。這本是事實，應該不難接
受才對，相信其他說詞才耗神費力呢，因為那等於跟真
相正面對決。這也就難怪我們晚上會需要睡覺了，只因
我們一整天都卯足了勁兒證明 2＋2＝4 才是真相，企
圖把這反常的生命狀態擁立為存在常態，致使我們與生
俱來的靈性反倒顯得很不正常。

（T-7.XI.1:4~5）**故也是最自然不過的事了。世界的運作
違反了上主的天律，必也與你的天性背道而馳。**

　　我們天生就是純潔無罪的上主之子，與造物主和一
切眾生是一體的生命，哪怕表面上我們已經淪為滿腔怒
火和罪咎的傀儡，忘卻了心靈的存在，以為自己另有一
個自我和頭腦，而且還能自行其是。一旦認同這具傀儡

之身，再提什麼一體境界，就彷彿癡人說夢一般，從此
2＋2＝4 才是我天生的狀態，一切已成定局，而且是
人間絕不可撼動的真理。

（T-7.XI.1:6~8）**世界視一切事情都有難易之分。這是因
為在小我的眼中沒有一樣東西是完美無瑕的。你必須先
親眼看到奇蹟確實沒有難易之分，才可能相信在你天生
的境界中沒有所謂的難事，因為那屬於恩典的境界。**

　　上面的「恩典」一詞，是指我們的靈性實相，屬於
我們天生的境界。相對的，小我卻相信幻相，而且認為
幻相有層次等級的差別（也就是我們最熟悉的第一條
無明亂世法則），它**在每件事上都看得到難易之別**，比
如說，有些問題輕而易舉就能解決，有些則必得大費周
章。正因為世上有這麼多的差異性，足以證明世界必定
真實存在，而且背後一定有一套符合 2＋2＝4 的法則
在支配它，生老病死成了千古不易的自然法則。自然律
看似超乎我們的掌控，其實是因為我們存心遺忘這是
自己打造的夢。但這既然是我們自己作的夢，就很難
抵賴說「恕不負責」了。接下來，世界更斬釘截鐵地
告訴我們：我們是夢境之「果」，而不是造出夢的那個
「因」！

　　世界還相信這樣的法則：目前只能靠科學有限的探索來理解世界的規律，以求預測世界，甚至掌控世界的運作。問題是，並沒有一個世界真在這裡運作。我們以為科學開闊了人類的眼界，其實我們還是什麼都不知道。說到究竟，世間萬象都是同一回事，所以**奇蹟才無難易之分**。唯一的癥結出在我們選擇了小我的分裂思想體系，因此，也只有一個化解之道，就是選擇聖靈的救贖思想體系，除此之外，絲毫沒有中間道路可言。

　　第一條奇蹟原則開宗明義：「奇蹟沒有難易之分。一個奇蹟不會比另一個奇蹟『更難』或『更大』。它們全是同一回事。全都表達了愛的極致。」（T-1.I.1）假如我們能夠真正領會這條原則的奧妙，就無需再研讀這部課程了。然而，在我們眼中，世間的問題確實難易有別，可別忘了，世界最會撒謊，目的就是讓人相信真的有一個世界在這裡運作，身體也在誤導我們相信有個貨真價實的世界存在著。我們之前講過，世界和身體的出現，就是為了讓我們相信我們天生沒有心靈，當然，它們絕對不會去提「失心」這個字眼，因為「**失心**」就暗示我們曾經有過心，後來失落了。小我根本不承認心靈的存在，必會想方設法避開「**心靈**」一詞，更不會提

「**失心**」這檔子事了。

　　小我提到心靈時，說的其實是大腦。在它口中，心靈不過是大腦神秘難測的一種活動，一種身體官能，屬於 2＋2＝4 的世界。殊不知，大腦的程式都是心靈編寫的，是心靈唆使大腦如何分析感官採集的數據，引導它得出結論，肯定外面確實存在一個充滿芸芸眾生而且問題百出的世界，在那當中，每個問題各有各的難易，也各有各的解方。基於這種錯覺，罹患癌症顯然比頭疼、指甲倒刺或手指扎進碎片更為棘手。其實，它們全是同一回事，都是把身體弄假成真的花招而已，因為：「只要你還相信肉體能帶給你快樂，你就會相信它也能帶給你痛苦。」（T-19.IV.一.17:11）所有的苦樂都會賦予身體某種真實性，進而鞏固失心的狀態。為此之故，人間的愛永遠都發生在兩具身體之間，不論是親情、友情、愛情、性愛等等關係，無一不跟身體有關，所以人間的關係都稱不上愛，因為都跟心靈無關。難怪世界愈搞愈離譜，它老是跟 2＋2＝5 的真相背道而馳！

　　接下來，請翻到第二十四章第六節「由恐懼中解脫」，我們繼續深入這一主題：

（T-24.VI.4:1~2）**千萬別忘了，整個世界都是為了上主之子的療癒而存在的。這是世界在聖靈眼中唯一的目的，故也是它所有的目的。**

「上主之子的療癒」乃是世界唯一的目的。雖然小我當初打造出世界，是為了與上主分裂，讓我們有家不能回，但世界的本質仍然是中性的，只要能為聖靈所用，便能成為療癒心靈的教室。請留意，世界是教導我們如何療癒心靈的教室，而不是為了要療癒身體或革新社會。倘若還認定是外面的世界出了問題，不論問題出在醫療、經濟、政治還是社會現象，都表示我們的心靈病了，亟待療癒。

既然療癒只能發生在心靈層次，而療癒又是聖靈唯一的目標，就表示聖靈必然也存在心靈當中，祂深知心外無物，故不著眼於任何心外之物。因此，請聖靈幫忙處理人間的問題，在道理上是說不通的。世界不過是心靈裡虛幻一念的投影，從未離開過心靈的源頭，聖靈又怎麼會去幫你應付虛幻的世界、解決莫須有的問題呢？祂只會幫你**回心轉意**，捨棄對幻相的信念，如此，才可能療癒你這個上主之子。祂既不會去推翻世間的規律，更不會要你以身試法，祂只請你看看那些人間法則，然

後會心一笑：「那算什麼法則？跟我有什麼關係？我已經明白 2＋2＝5，2＋2＝4 的世界又豈能左右得了我的平安？」因此，你犯不著起身對抗世界，也不用顛覆世界秩序。還是那句老話，你只需認清世界跟你的心靈沒有任何關係，意識到自己原是心靈的抉擇者，你就恢復了正見心境。耶穌告訴我們，世界是「你心境的見證，也是描述你內心狀態的外在表相」（T-21.in.1:5），而你的所知所見也不過是「一個有形圖像或具體形相，使你的夢想儼然如真」（T-24.VII.8:10）。說穿了，你窺望活成分裂的個體，同時又想要明哲保身，讓別人為這分裂之罪付出代價，才投射出這麼一個世界，它可謂是潛意識「心想事成」的活見證。

耶穌、聖靈和這部課程的解救之道，不外乎上段所說的，教導我們以全新的眼光審視身體以及它跟其他身體的關係，學習認清別人其實沒有害過自己，首先，第一步就從父母開始。親子關係可以說是人間最大的迷陣，小我最喜歡在這個關係大做文章。問題是，我既然不是這具身體，便不可能是誰的子女；不論父母從前做過什麼，那些往事也都與我的心靈無關。誠然，某些事對童年的我容或有舉足輕重的影響，但除非我自甘成為

永遠長不大的靈性幼兒，否則它對此時此刻的我又能如何？身為父母，當然有他們的小我，大家都知道小我很兇惡，骨子裡散發著特殊性的惡臭，然而，我們又何苦甘受別人小我的毒害呢？更何況，不論哪一種人間關係，不過反映出我們的心靈究竟選擇了哪一位老師罷了。《課程》教導我們，人生中唯一有意義的關係，就是自己的心靈跟聖靈的關係，因為它真正反映出我們跟上主的關係（T-15.VIII）。

　心靈跟聖靈結合而迸發出的愛，會滋潤我們的每一段關係，將福氣、愛心、關懷、仁慈帶入其中，透過你目前所扮演的角色傳遞出去。換句話說，我們要先扮演好自己的角色，比如孝順父母，哪怕明知他們並非自己心靈的父母。另如對朋友、伴侶、配偶、孩子也一樣仁慈相待，縱然這些關係不過是心靈與小我或與聖靈結盟的某種投射或延伸。從此，我們便能自在而得體地向每一個人表達關愛，每段關係都會因此而變得單純無比。以後，我們只需從根源著手，把握好「抉擇者選擇了哪位老師」這一關，然後再看這個決定帶來了哪些影響和後果，如此就行了。如果嘗到苦果，便知自己選擇了小我；若能平安地與眾生同在，便知自己選擇了聖靈。人

生還能比這更簡單嗎？

（T-24.VI.4:3）**除非上主之子的療癒成了你唯一的心願，除非你已能看出世界、時間以及萬事萬物都是為了聖子而存在的，否則你不可能得知天父與你自己的真相。**

　　唯有由衷承認每一個人都是聖子，才可能領會這段話的深意。假如你看不出自己在世的任務就是療癒心靈中**所有**陰暗的角落，還不斷將某些人或某些團體排除在救贖之圓以外，你就不可能了悟天父和自己的本質。天父是誰？就是圓滿的一體生命。自性是誰？就是上主完美的獨生子。倘若你害怕上主聖愛和祂生命的一體性，必會費盡心思**阻撓**上主之子的療癒，自甘承受絕望、憤怒、怨尤、傷害、疾病、罪咎、焦慮、痛苦、孤獨……等等。要知道，你每受一次苦，都會讓小我欣喜若狂。

　　耶穌希望我們學習他的慧見，看清眾生真的別無二致，從此，任何可憎可恨的理由就再也站不住腳了。我們生氣時，不過表示自己已經將內心的恐懼投射到某人或某團體上頭，於是它便成為我們有待寬恕的功課。這部課程，難就難在它要我們在操練時把所有人全都涵括在內，不論親疏遠近，沒有一個可以排除在外，而絕不

是單單在某些人身上練習而已。世界存在的目的是為了
「上主之子的療癒」，也就是深切明白上主之子是同一
個生命體，而且 2＋2 等於 5，並不等於 4。世界從不
跟你說實話，它的觀點跟大多數宗教如出一轍，認為天
堂不會對所有人開啟大門，而只歡迎受到上主揀選的那
些義人，罪人通通該下地獄。《聖經》迄今暢銷不衰，
也就不足為奇了。它給了人們判斷、憎惡、憤怒的理
由：「既然連上主都要審判可恨之人，我當然也可以！
不僅如此，我還能打著神的招牌審判世人呢。」反之，
如果我們真正接受了世界唯一的目的即是「療癒上主之
子」，並且知道上主之子只有一位，那麼，我們的所作
所為、所思所想，必會從愛的內涵出發，絕不可能排除
任何一人，至此，此生最大的任務就只剩下「寬恕自己
沒做到這一點」而已；只因「絕不排除任何一人」，當
然也包括了寬恕自己。這種「絕無例外」的精神，可謂
《奇蹟課程》最難修的部分。

（T-24.VI.4:4）因為你必會利用世界去做與它原有目的相
反的事，而那充滿暴力與死亡的世間法則也會伺機奴役
你。

　　進而言之，如果世界沒有發揮出它真正的目的和功

能，就表示我們已經用它去滿足一己私願了。在聖靈眼中，世界是我們學習「我是上主之子」的教室，而上主之子既然是一體的，攻擊任何一人都等於在攻擊自己。要是我們繼續如此這般利用世界，只會自斷後路，永遠逃不出世間的暴力與死亡之律。千真萬確，若非我們自甘聽憑這些法則擺佈，也就不會淪為邪惡法則的受害者了。是的，**這**真的是我們唯一的問題。

在〈正文〉第二十七章結尾部分，有這麼一句話：「你一旦認清了那原是你自己作的夢，不論夢中角色顯得何等可恨或何等兇暴，都再也影響不到你了。」（T-27.VIII.10:6）縱使你此生的夢中角色兇暴無比，令你自己都慨歎不已，只要你記得這不過是你作的夢，你就不會受它影響，更不會為它煩惱了。同理，如果你是個「清明夢者」，即使夜裡作了噩夢，只要知道自己是在作夢，你就不會害怕了，因為你知道一切不過是夢一場。可以說，不論我們屬於哪一類人，耶穌一心一意就是要幫助我們在這場「人生大夢」中，成為一位真正的清明夢者。

耶穌切望身在紅塵的我們保持清醒的覺知，知道這所謂的人生不過是夢裡的一場戲罷了。剛才那段話，值

得再讀一遍:「你一旦認清了那原是你自己作的夢,不論夢中角色顯得何等可恨或何等兇暴,都再也影響不到你了。」是的,如果世界還能壓迫你、激怒你、打擊你,都表示你忘了這只是一場夢,你的種種不安也不過是自作自受,因為這是你的夢、你的秘密心願。還記得這句話嗎:「你的所知所見都是根據你內心的願望投射而成的。」正因如此,我們必須為自己的感受負全責。比如說,我們通常避免不了別人的肢體或言語攻擊,就像防止不了空氣污染、水污染、土壤污染一樣,但所有這些都是夢中一景而已,只要我們不在夢中,夢裡乾坤與我何干?這就是奇蹟的真諦:「奇蹟幫你看清是你在作這個夢,而且夢中情景都不是真的。」(T-28.II.7:1)

這跟電影《駭客任務》是同樣的道理。你本人根本不在虛擬世界中,不論那兒發生了什麼事,怎麼可能傷害到你,那麼,想一想,你還有什麼理由怪罪別人害你產生某些感受?只因那是你自己的夢。世界之夢給人的一大幻覺就是身體好似具有感知能力,試問,木偶豈有任何感覺?它的感覺完全是心靈之念投射給它的,而心靈只有兩種念頭,不是罪咎與恐懼,就是寬恕與真愛。身體的感受全是心靈賦予的,你要是不喜歡某種感受,

問題只出在你自己的心靈，但感覺上卻並非如此，這全然是因為我們又被身體騙了，2＋2＝4 的原則只有在夢裡才儼然成真。假如有人把你胳膊打青了，不是因為他打了你，你才瘀青作痛，而是因為你認同了身體，自然就得承受身體的各種法則，於是誰給你胳膊一拳，你就紅腫酸痛，但你卻神智不清地以為真是別人把你整成這樣的。固然，夢中看來確實如此，但問題是，你何苦把夢看得那麼真呢？這一點，希望大家都能經常這樣反問自己，最好在回應任何事情以前就如此反問。

（T-24.VI.4:5）**幸好上主已賜給你超越世間運作法則的能力，因此當你忍不住著眼於子虛烏有之物，或相信上主之子可能因為誤認自己而受苦之際，不論在哪一種形式或環境下，你都有能力跨越那些誘惑的。**

上主之子會受苦，完全是因為他認同了身體，這是他**心甘情願**的選擇，箇中的原委不外乎：第一，這能證實他的確是一個獨立自主的個體生命；第二，他現今的存在狀態絕不是他自己的錯，而是其他人利用世間法則強加於他的。比方說，有句話叫「三歲看大，七歲看老」，這也是心理學上普遍認可的一個定律，意思是一個人的童年遭遇會影響成年後的人格。比如說，要是你

兒時受過虐待，你的未來便會蒙上一層陰影，問題是，唯有你真的完全是一具肉體凡胎，這句話才能夠成立。你一旦領悟自己是超越時空的心靈，走出過去可謂易如反掌，畢竟過去並非真的存在，它又能奈你何？除非你相信它會影響你，它才真正影響得到你。我並不是要你否認你當前的感受和想法，只不過提醒一下，不要再為小我的謊言撐腰了。

接下來的一個長句：「幸好上主已賜給你超越世間運作法則的能力，因此當你忍不住著眼於子虛烏有之物……」意思是說，人人心中本自具足超越世間法則的抉擇能力，隨時可以掙脫 $2+2=4$ 的束縛，回歸平安的心境，不論是你的身體或你所愛之人的身體亮起紅燈，還是世界出了狀況，都動搖不了你的心志。我一再強調，外境沒有干擾心靈平安的本事。歷史上不乏身陷絕境之人，即便大難臨頭，甚至困在集中營受盡折磨，仍能成為世人寬恕和平安的表率。

奇蹟學員若還把自己的身體和人格當成自己，且誤以為這部課程也是針對這個你而說的，便很難修出什麼名堂。《奇蹟課程》乃是從你的自我認知入手，帶你超越這一認知。有朝一日，你會豁然開朗，原來《奇蹟課

程》真的是在以心傳心，點醒你，你不是這具身體，上主、聖靈和耶穌更不是，寬恕也從來不是發生在兩個形體之間的事。

（T-24.VI.5:1）只要你定睛注視弟兄，便會在他身上看到，那原本支配著世界的法則已經徹底扭轉過來了。

耶穌要我們重新看待令自己感到特殊之愛或特殊之恨的那些人，如果能以耶穌的慈愛眼神重新去看，便會看到「那原本支配著世界的法則已經徹底扭轉過來了」。支配世界的法則就是「**非你即我**」的遊戲規則，你一勝利就表示我輸了，如果我能證明你有罪，就能反襯出我的無罪，這是人間最基本的 $2+2=4$ 的法則。只要能挖出你的罪證，再將你繩之以法，我就可以無罪開釋。因為上主已經從我這裡知道壞人是你，該當遭罪受罰的必定是你，我可以高枕無憂了。整個世界的運作法則**莫不如此**。對此，耶穌卻說：「若不和他一起在此信心中抬起眼睛，你就根本沒有抬眼的可能。」（T-19.IV.四.12:8）這是一切修正的根本原則，跟**外在**的行為絲毫無關，而是發生在心靈或**內涵**層次──我要麼跟你一起回家，要麼就跟你在原地打轉。這個修正法則，可謂天堂「合一與一體」之境在人間的倒影（T-25.

I.7:1），也是上述課文所要傳遞的訊息。

（T-24.VI.5:2）**你會在他的自由裡看到自己的自由，因事實就是如此。**

　　你若肯釋放弟兄，你就自由了，因為你跟他是一回事，並無不同，他若有罪，你豈能無罪？你若視他有罪，必然也會這樣判斷自己，這正是 2 ＋ 2 ＝ 5 的運作原理。耶穌明知整個世界都建立在小我 2 ＋ 2 ＝ 4 的差異法則上，他卻始終堅稱：「我們全都一樣。」也就是說，我若說你有罪，等於給我自己定罪，也是給耶穌定了罪，只因我們全屬於同一位上主之子，因此所有人都同遭池魚之殃，不僅我恨的人，連我所愛之人也難逃此劫。所以大家切莫掉以輕心，哪怕一絲不悅，都等於往耶穌和眾生的身上加釘子。我們必須駐足反問自己：「這真是我要的嗎？」總歸一句話，小我的法則強調差異性，而耶穌的法則強調同一性，就這麼簡單。

（T-24.VI.5:3~4）**不要讓他的特殊性遮掩了他的真相；你若以任何死亡法則束縛他，你也會落入同樣的下場。你在他身上看見的每一個罪，都會使你倆同陷地獄。**

　　我在你身上看到什麼，就會在自己身上看到什麼。

即便弟兄認同了特殊性，於他於你又有何影響？他當然有特殊性，因為他有妄心；而你有特殊性，因為你也有妄心。這有什麼大不了的？人人都有小我，人人也都有正念之心。問題是，我們老喜歡針對某些人，說他們的妄心特別惡毒，表示我們相信「錯誤也有層次之分」，而陷入了人間的差異性法則。其實，我們毫無不同，大家全都一樣。

（T-24.VI.5:5）**同理，他的全然無罪也能將你倆一起釋放〔只要你視他為無罪之身，你也不會有罪〕，因神聖性是大公無私的，它對世間萬物只會下一個判決。**

　　這個神聖判決是面向**世間萬物**的，它針對的是「**全體**」。從神聖慧見來看，萬事萬物都是同一回事，人人都一樣，所以神聖性才堪稱大公無私。還記得耶穌在「**偏私**」（partial）一詞玩的文字遊戲嗎？神聖性不偏不私，主要是因為它既不偏向於某個部分（part），也不設置個人立場，故能看到聖子奧體是一個整體生命。

（T-24.VI.5:6）**但這〔唯一的〕判決不是出於神聖性自身，而是出自那始終在為共享上主生命的萬物而發言的天音。**

　　不論有情眾生還是無情眾生，全都共享上主的生命，源自同一聖念。每個人都是那個聖念的一部分，永遠與它一體不分。因此，《奇蹟課程》的修行要旨可以歸結為一句話：隨時警覺自己多麼想把分別取捨的法則抬舉成實相法則。從世界的角度來看，分別取捨是最正常的生活方式，我們打心底不希望萬物和眾生一點差別都沒有，2＋2＝5簡直是人類的眼中釘、肉中刺。

　　最後，我要引用〈正文〉「特殊的任務」那一節的幾句話，為討論畫上句點。

（T-25.VI.5:1）**在這世界，上主之律雖然尚未大化流行，但他仍有一件完美的事有待完成，仍能作出一個完美的抉擇。**

　　「上主之律尚未大化流行」，是因為它無法真正在人間運作，最多只能呈現出一個倒影。在這個充滿攻擊、複雜、分裂與差異的世界，仍有一件完美的事是我們力所能及的，就是寬恕。

（T-25.VI.5:2~6）**只要他決心特別忠於一個被他視為異己的人，就會當下看出這是上主給自己的禮物；由此可見，他們必是同一生命。在時空世界裡，只有一個任務**

是有意義的，就是寬恕。聖靈正是借用這一工具而把特殊性由罪轉成救恩的。寬恕是為所有人而設的。直到所有的人同蒙此恩，它才算大功告成，世界也因之功德圓滿。

我們來此一遭，正是為了療癒上主唯一的聖子，而療癒的過程即是《課程》所謂的「寬恕」，也就是放下分別心，學習看出眾生無二無別的本質。故此，只要攻擊、批評、嘲弄一人，都等於嘲弄了所有人，因為「寬恕是為所有人而設的」，**不只是為某些人而已**。顯然，只有從心靈的角度才能理解這些話的深意：縱然人間的身體有善有惡，有些身體壞事做盡，有些只能無辜承受，還有一些為人間留下了嘉言懿行。但是，這些形體畢竟都是從心靈生出的，而每個人都有同一心靈。只要有這番領悟，便能將我們由 $2+2=4$ 提升至 $2+2=5$ 之境，在那兒照見小我 $1+1=2$ 的原始信念，進而窺見夢境的全貌，看清它虛妄不實的本質，最終憶起：原來 $1+1$ 還是等於 1，而且永遠都等於 1。

10 一加一等於一

〈練習手冊〉第三百二十九課「我已經選擇了祢的旨意」，言簡意賅地指出，整部課程的目標就是要幫助我們憶起 1＋1＝1 的真相，表示我和眾生加上上主仍然等於一，永遠都是「合一與一體」的生命（T-25. I.7:1）。相信大家在讀到這些說法時，不難感受到其中映現出真理的味道，那正是我們的真相。而了悟真相的途徑，不外乎每天練習活成真相在人間的倒影，這個操練的過程就是寬恕。寬恕最能反映出天堂圓滿的一體性，它教導我們看出大家都是同一個生命，所以攻擊一個就等於攻擊了全體，徹底寬恕一人也就等於寬恕了所有人。

〈練習手冊〉的下篇有許多真情流露的禱詞。每一課都分成了兩段，一段是我們向上主的禱告，一段是我們對弟兄的祈禱，或是耶穌為我們所做的祈禱，本課即是一例。每課禱詞的排序稍有不同。這一課的上半，是

我們獻給天父的禱詞，下半是耶穌對我們的祈禱。切莫忘記，真神不屬於二元的領域，因此祂聽不到也聽不懂二元世界的語言，所謂祈禱不過是一種象徵說法，它其實是對自己的祈禱，祈願自己憶起 $1＋1＝1$ 的真相，活出上主所創造的自己——那個一體無間、結合在祂大愛旨意中的圓滿聖子。

第三百二十九課
我已經選擇了祢的旨意

　　天父，我以為自己已經遠離了祢的旨意，觸犯了天律，而且自行插入一個威力大於祢旨意的意願。其實，在真理內，我的本來真相就是祢的旨意，由祢延伸而來，且會繼續推恩下去。這就是我，永遠無法改變。祢既是「一個」生命，我必然活在這一個生命裡。這是我在受造之初所作的選擇，在那兒，我的意願與祢的旨意永遠如一。那個選擇是我永恆的決定。它不可能改變，也不可能自相矛盾。天父，我的意願就是祢的旨意。我安全無虞，平靜無擾，活在無盡的喜悅中，因為祢的旨

意願我如此。

今天，我們要誠心接納彼此的一體性，且與我們的生命源頭合一。在祂的旨意之外，沒有其他的意願存在，我們都是一個生命，因為我們全都分享了祂的旨意。透過這旨意，我們才可能認出我們真的是同一個生命。透過它，我們才可能找到回歸上主之路。

附 錄

〈2＋2＝5 的世界〉

（選自《燈塔通訊》第十七卷第二號，2006年6月）

導 言

去年我開辦了一場定名「假如 2＋2＝5」的研習，把小我 2＋2＝4 的世界跟耶穌 2＋2＝5 的世界做了一番對比。本文根據研習內容的幾大重點，在此為大家進一步解說。

那場研習以及本文的靈感，皆源自杜思妥也夫斯基的著作《地下室手記》。這本小說可謂開創近代存在主義文學之先河，作者亦堪稱存在主義的精神之父，啟發了尼采、佛洛伊德、卡繆等諸多後世大家。杜氏筆下的這位「英雄」，內心飽受煎熬，憤憤不平，對世事卻別具「慧眼」。作者借他之口，宣洩自身對於「掙脫社會

枷鎖」所持的看法。他認為束縛我們的元兇，就是那些一成不變 2 ＋ 2 ＝ 4 的法則，如叛逆的地下室人所說：

> 世人會衝著你嚷嚷說：「唉呀，你就別鬧彆扭啦，2 ＋ 2 ＝ 4 是真理……」這是什麼話嘛！我為什麼要管自然規律跟數學原理呢？要是我壓根就瞧不上自然規律和 2 ＋ 2 ＝ 4 的原理……荒謬至極！……如果一切都得照著乘法表和算數法則來運作，談何自由意志？不論我願不願意，二二必須得四。這算哪門子自由意志！……說到底，2 ＋ 2 ＝ 4 其實是人心不能承受之痛，根本在侮辱人性。說得更白一點，2 ＋ 2 ＝ 4 彷彿是一個目中無人的小子，趾高氣昂地擋在路中，迎面啐你一臉。我承認，2 ＋ 2 ＝ 4 也挺有用的，但平心而論，2 ＋ 2 ＝ 5，有時不是更加妙不可言嗎？

沒錯，2 ＋ 2 ＝ 5 **相當妙不可言**，它寓意著聖靈針對小我的分裂法則及特殊性法則所提出的「修正原則」。在小我的世界中，每具形體的運作規律都受 2 ＋ 2 ＝ 4 的法則所控制，諾斯替教派稱之為「**世界執政**

官」〔譯註〕。對此，地下室人會說：「不錯，我們的確活
在紅塵中，但我們的靈魂在別處——在 2＋2＝5 的世
界裡。」那一境界就是《奇蹟課程》所說的「超乎時空
的正念之境」。

現在，我們來一起回顧天人分裂以前的原始境界。
缺少對這層真相的認知，便不可能摸清小我思想的底
細，更不可能體會出 2＋2＝5 的究竟意義，了解聖靈
如何用它來對治小我 2＋2＝4 的物質世界。

一體心靈：1＋1＝1

生命的實相，是圓滿一體的天堂之境，上主和祂唯
一的創造一體不分地安居其境，只因：

> 天國原是上主之子的居所，聖子從未離開天父
> 一步，也不可能活在天父之外。天堂不是一個

〔譯註〕諾斯替教派認為，物質世界是由最高神之下的巨匠造物主
（Demiurge）而造，世界執政官乃巨匠造物主的部下或僕人，
是統治世界的力量。

地方，也不是某種境界。它只是對一體生命的
圓滿覺悟，也就是悟出「此外無他」的那個真
知：在這一體之外，別無他物，在這一體之
內，也別無他物。（T-18.VI.1:4~6）

如此說來，我們不斷提到的上主和聖子，其實根本
是「同一位」，連「三位一體」所劃分的天父、基督聖
子、聖靈，也只是一種象徵說法，神性當中是**沒有**任何
分野或界線的。因此耶穌告訴我們：

「首先」或「第一」在時間領域內毫無意義；
但在永恆之境，「第一因」代表天父。祂既是
第一因，也是絕對的一。除了第一因，沒有其
他的原因存在，更沒有次序或第二、第三諸如
此類之物。（T-14.IV.1:7~8）

換言之，在上主的一體生命中，並無父子這類區
分，所以才說 1＋1＝1。這種不分彼此的一體狀態才
是天國的境界：

它〔愛〕自成一體，因此，萬物在它眼中自然
也成了一個。它的意義就存於這一體性內。
凡是視愛為偏私或局部的心靈，必然不識愛

的廬山真面目。……愛是唯一的法則，它沒有
對立。它的整體性乃是維繫萬物一體的力量，
也是維持天父及聖子同一生命體的永恆聯繫。
（W-127.3:2~4,7~8）

這就是〈正文〉所說的：「合一與一體」之境。
（T-25.I.7:1）

突然間，**彷彿**出了問題，一個「小小的瘋狂念頭」
冒了出來，就是那一原始錯誤。

原始錯誤：1＋1＝2

隱秘的夢想

在「一切是一」的永恆境內，悄然潛入了一個
小小的瘋狂念頭，而上主之子竟然忘了對它一
笑置之。因著他的遺忘，這個念頭變為一個無
比嚴重的觀念，成了一種能夠實現並產生真實
後果的可能性。（T-27.VIII.6:2~3）

耶穌用故事的筆法描述了合一聖境狀似破裂的原因。他說，上主的聖子突發奇想，決心從圓滿一體的生命獨立出去，活成一個屬於自己的個別身分。聖子一從造物主那裡獨立出去，一體境界便彷彿陷入了分裂，衍生出 1＋1＝2 的娑婆世界。在這世上，他只為自己而活，原來的另一半神聖生命則被拋到腦後。

從此，分裂取代了一體，整體支離破碎，小我篡奪了造物主的寶座——這就是《奇蹟課程》所謂的「原始錯誤」：

首先，你相信自己的心念改變得了上主的創造。

其次，你相信完美之物可能變得不完美或有所欠缺。

其三，你相信你能夠扭曲上主的造化，包括自己的生命在內。

其四，你相信你能夠創造自己，你想把自己創造成怎樣，完全取決於你。

這一連串的扭曲最後呈現給你的圖像，就是分裂的世界或「恐懼的歧途」。（T-2.I.1:9~2:1）

　　就在聖子生出這小小的瘋狂一念，而且自以為獨立宣言已經生效之際，一場戰爭彷彿也拉開了帷幕，因為在未分化的合一之境中，個體是沒有立足之地的，上主之子為了確保自身的獨立性，就必須否決生命的一體性，於是造物主成了他的頭號敵人，他相信造物主不會放過他的罪惡，必然要讓他血債血償：

> 「你已篡奪了上主之位，切莫以為祂會就此罷休。」……憤怒的父親開始向他罪孽深重的兒子討債了。你若不痛下殺手就得坐以待斃，……斑斑血跡是永遠清洗不掉的，手沾血腥的你，不能不以死亡來償命。（M-17.7:3~4,10~11,13）

　　一旦陷入「恐懼的歧途」，就等於落入了罪、咎、懼的循環，因為罪和咎必然導致恐懼的結果。小我趁機煽風點火，說當初決心分裂，無異於向上主發動攻擊（**罪**），如今已鑄成了不可挽回的大罪，自當悔恨終生（**咎**），遭受天譴也是理所當然（這是人心最大的**恐懼**）。1＋1＝1 的一元實相就這麼毀了，代之而起的是二元神明統治的 1＋1＝2 的小我王國。從此，一元實相跟這位罪孽深重的篡位君主勢不兩立，於是小我向恐

懼的聖子建議（其實是分裂的聖子在自言自語）：「你若不想被上主消滅，就必須離開自己的心靈，另外造出一個世界和一具身體供你藏身，你剛剛到手的自我才有機會存活下去。」於是有了「錯誤向外發出的第一個投射」（T-18.I.6:1），這位一心想要獨立的聖子一下子分化成了百千億個支離破碎的自我，每塊碎片都寄身於某種身體或形式下，誠如耶穌說的：

> 凡是相信上主可畏的人，只會打造一種替身。縱然這替身千變萬化，卻萬變不離其宗，那就是以幻相取代真相，以片面取代整體。因著它一而再再而三的切割、分化、再分化，最後讓人再也認不出它原本一體而且永遠一體的真相。你其實只犯了一個錯誤，就是把真相帶入幻相，將永恆帶入時間，把生命帶入了死亡。你的整個世界都建立在這個錯誤上頭。你所見到的紛紜萬象，無一不是這個錯誤的倒影，你所經歷的每個特殊關係也都離不開這個錯誤。（T-18.I.4）

因此，就在分裂發生而且把那小小的瘋狂一念當真之際，1＋1＝2 一躍而成了人生的真相，1＋1＝1 反

而淪為幻境。小我扭曲 1 + 1 = 1 之境的企圖產生了兩種夢境：一是心靈分裂篡位奪權的秘密之夢，二是擁有特殊性並成為受害者的世界之夢；前者尚且屬於心靈層次，後者則企圖徹底去除心靈，只把焦點放在身體上。筆錄《課程》的海倫‧舒曼曾寫過一首散文詩〈上主的禮物〉，痛切描述了這兩種夢想的起因，都是由於相信自己已跟上主分裂，而在極度恐懼下作出的噩夢：

> 於是，心靈開始恐懼，亟需某種禮物〔第二場夢境〕支撐毫無實質的夢幻〔第一場夢境〕。於是，這場夢開始有了價值，它的禮物跟希望與力量如此相像，縱然轉瞬即逝，卻足以安撫恐懼的夢者於一時，令他忘懷第一場夢境，渾然不覺自己領受的恐懼之禮只會令他重溫舊夢。如今，幻覺帶來的安慰成了他的盔甲，化為他手中的利器，抵擋覺醒之境的侵襲。他知道，覺醒的前夕，他的第一場夢魘也會隨之復甦⋯⋯。與其經歷那種恐怖，當前的夢裡豈不是更有生機，不如死守這一「相對較好」的夢境。（天恩詩集 P.120）

小我趁機警告我們：「違反天律，必遭天譴。」我

們深恐毀滅的下場，不得不決心出走，投奔充斥特殊
關係的小我王國，一個「比較美好」的 $2+2=4$ 的世
界。那無非就是小我 $1+1=2$ 的內心世界的一個外在
寫照。

妄心統治下充滿特殊關係的世界：
$2+2=4$

小我追求個別利益的噩夢

我們最熟悉的就是小我 $2+2=4$ 的世界，它的運
作法則全然受制於世界和身體這一「形式」層次，為此
不惜犧牲心靈的「內涵」。在這種世界裡，數學乃顛撲
不破的法則，$2+2$ 永遠等於 4，它成了知見世界的絕
對真理。由於聖靈的理性之音已被排除在我們的覺識之
外，我們只聽得到小我的聲音，也只能遵守它的法則。
這種壟斷賦予了小我神一樣的權威，它的話也因此成了
金科玉律，違反者必遭懲罰和排擠，無怪乎社會大眾如
此認同社會準則，一點都不敢違逆社會（小我）的規定

和慣例。也因此，我們只能不斷妥協，犧牲自己冥冥中
知道的真相，在僵化而拘束的世界裡苟延殘喘，淪為世
間法則的奴隸。殊不知，這些狀似天經地義的法則，其
實只是小我 1＋1＝2 的分裂法則所延伸出的一道陰影
罷了。

在〈練習手冊〉第七十六課「我只受上主天律的管
轄」中，耶穌曾拿我們最熟悉的自然法則開玩笑，藉以
重申他的觀點：

> 我們已經觀察反省過，你曾把多少荒謬的事物
> 視為你的救恩。結果，每一物都反過身來用如
> 它自身一般荒謬的法則來囚禁你。其實它們束
> 縛不了你的。……你為拯救自己而定的種種詭
> 異又扭曲的法則，其實束縛不了你的；不妨想
> 一想，這一認知所帶給你的自由。你真的認
> 為，你若不囤積一疊疊鈔票以及一堆堆銅板，
> 你就會餓死？你真的認為，一粒小藥丸或用尖
> 尖的針筒把一些液體注射到你的血管裡，就能
> 防止疾病與死亡？你真的認為，沒有另一具身
> 體陪在身旁，你就落單了？……這算什麼自然
> 律，根本就是瘋狂。（W-76.1:1~3; 3; 5:1）

顯然，對於全然認同身體的我們來說，這些說法簡
直有如天方夜譚。沒錢怎麼買食物、繳房租？缺乏醫療
手段還談何抵禦疾病？沒人陪伴怎麼可能過得幸福快
樂？但我們都知道，這個世界早已神智失常了，只會看
到子虛烏有之物，甚至不敢承認愛就是我們的本性，而
小我**正是**出於這種瘋狂之念才打造出這個世界的：

> 世間任何法則均不足以幫你了解愛的真諦。世
> 界所相信的那一套，原本就是為了隱藏愛的真
> 諦而營造出來的，它存心將愛打入不見天日的
> 冷宮。人間奉為圭臬的運作法則，也沒有一
> 個不與愛的真相以及你的真相背道而馳。（W-
> 127.5）

小我用來遮蔽真愛的最佳工具就是特殊關係，只要
上主之子困於充滿罪咎與恨意的關係，他就只能找到小
我承諾的「愛」。這個陰森世界成了小我「自私自利」
的原罪之寫照，我們為了保全自己，不惜犧牲別人，首
當其衝的就是上主和祂的聖子。由於小我的生存法則乃
是「**非你即我，不能兩全**」，我們一旦聽信它的讒言，
對它的「鐵律」就只得唯命是從，致使我們的生活無時
無刻不受制於 $1+1=2$ 的法則，只顧維護**一己私利**。

說到底，這種種的現實，不過反映出我們最原始的那個決定罷了。

　　活在 2 + 2 = 4 世界的我們，莫不認為知道什麼最符合自己的利益，不僅會從過去吸收經驗教訓，還懂得從他人那裡汲取「智慧」。〈練習手冊〉第二十四課卻明白告訴我們：「我認不出什麼是對自己最有益的事。」

> 不論你活在何種處境，你都無法確知哪一種結局才會帶給你幸福。你既無明師指點哪種作法才是恰當的，自然無從去評估它的結果。你對外境的所知所見左右了你的所作所為，而那知見本身錯誤百出。因此，你無法做出對自己最有益的事，這是意料中的。（W-24.1:1~4）

　　不僅如此，我們更相信自己能對自身、他人、世界作出公允的判斷，足以明辨是非善惡。但是，我們對身體本質的認識如此有限，對「心靈主導一切」的事實也一無所知，又怎能判斷出個什麼？只有小我 2 + 2 = 4 的思想體系才敢作出如此瘋狂的判斷：

> 本課程的目標與世俗的訓練大異其趣，它要我

們認清自己是作不出世人所謂的判斷的。這不是一種說法而已，而是事實。若要正確地判斷一事一物，他必須對它的過去、現在及未來述之不盡的相關背景一清二楚才行。他還需要事先認清自己的判斷對所涉及的人或物可能產生的任何影響。他必須確定自己的觀點沒有任何偏曲，對每一個人所下的判斷，不論目前看來或未來回顧時，必然全然徹底的公正。有誰敢作此保證？除了有自大妄想症的人以外，有誰敢出此狂言？

只要記得，有多少次你認為自己知道所有的「事實」，胸有成竹地作了判斷，結果卻錯得離譜！有誰沒有這種經驗？又有多少次你自以為是對的，其實是錯的，卻毫不自覺？（M-10.3:1~4:3）

耶穌在〈正文〉中已明確告訴我們：「沒有比只看外表的知見更盲目的了。」（T-22.III.6:7）我們卻一直都在憑據過去和現在的認知，來判斷什麼對自己和他人才是最有益的事，渾然不覺自己的知見完全是潛意識中的罪咎催化而成的產物，根本不符合客觀現實。

柏拉圖曾引用蘇格拉底的話來諷刺人類的傲慢，蘇格拉底說：「我是人類當中最有智慧的人，因為我知道自己一無所知！」而我們卻堅信自己十分清楚人間疾苦的根源，不論是個人的身心之苦還是全球性的災難，小我都聲稱自己知道問題出在哪裡，轉身便歸咎於醫療、心理、社會、教育、經濟、政治，甚至天文。一言以蔽之，人類的苦因全出在這個 $2+2=4$ 的科學世界。問題是，外面根本沒有一個會自行產生問題的世界，它也不可能造成任何的後果，所以我們**老是**錯得離譜：

> 世界本身是徹底的虛無。必須靠你的心靈賦予它意義。……沒有一個世界不是出自你的願望，這正是你最後的解脫關鍵。……世界根本就不存在！這是本課程一直想要傳達的中心思想。（W-132.4:1~2; 5:1; 6:2~3）

既然如此，這世上還有什麼好改變或療癒的？還有什麼值得研究和體會的？所以耶穌說，他這番話必會令傲慢無知者感到被冒犯：

> 你與聖靈所付出的簡直不成比例，這難免讓你感到有辱尊嚴。你寧可相信自己的了解具有

> 左右真理的力量，真理全靠你的了解才可能
> 成真。然而，我再三提過，你無需了解任何事
> 情。（T-18.IV.7:4~6）

我們真的無需打破砂鍋問到底，因為我們根本什麼
都不了解。況且大腦根本不會思考，遑論理解了，如同
《小王子》中那隻睿智的狐狸對小王子所說的話：「只
有用『心』去看，才能看清真相；最核心的部分不是
『肉眼』所能看到的。」「最核心的部分」指的就是心
靈，唯有透過哈姆雷特所謂的「**心眼**」，我們才能真正
看清人間真正的苦因：

> 世界似乎未經你同意或邀請就把一切強加於
> 你，你始終想不透原因何在。但你十分肯定，
> 在那些使你痛不欲生的各種原因當中，你從不
> 把自己的罪咎計算在內。（T-27.VII.7:3~4）

若是連內心隱藏的罪咎都意識不到，自然抓不到問
題的癥結，遑論接受真正的解決方案了。從此我們別無
選擇，只好投靠神智失常的小我，它信誓旦旦地向我們
保證，只要跟隨它的指引，一定能找到上主不肯給予的
關愛、慰藉、平安。言下之意，上主給不了的，某個具

有**特殊**條件的**特殊**人物肯定能給予。這種特殊關係必須靠罪咎才玩得下去：唯有讓你內疚，我才會得到自己想要的東西——愛、關注、高分、認可、憐憫。可別低估了小我這一招，整個世界以及人間所有的關係，不論個人還是集體，幕後都是靠著這種遊戲規則推動的。任何群組、團體、國家的價值，**全繫於**他能否滿足我的**特殊**需求而定。一旦他們完成任務，再無利用價值，就可以棄置一邊，再找新的利用對象，就像耶穌所說的那樣，「你隨時都能造出另一位神」來滿足你（W-170.8:7）。利益是不能共享的，只有犧牲別人才能滿足一己所需。不管我們假裝愛人還是不加掩飾地恨人，對方都只是供我們投射罪咎的具體對象而已。這些特殊夥伴若肯滿足我們的需求，我們就愛他；若是拒絕我們的需求，我們就恨他。這正是**個別利益**的唯一指標，就這麼簡單，也這麼無情。然而，用《課程》的話來講，小我法則再怎麼穩如泰山、萬無一失，在上主面前也只是虛晃一招而已（T-5.VI.10:6）。

　　耶穌這部課程的目標就是要幫我們一點一滴地鬆綁，慢慢切斷我們對小我瘋狂思想體系的認同，從而憶起自己心中還有另一套清明正常的法則，足以超越小我

固若金湯的人生準則，憶起自己的心靈以及「唯心」的
真實本質。只要我們肯向上主的天音求助，聖靈就會以
2＋2＝5 的寬恕法則來答覆，教導我們寬恕「別人**並
沒有**做出的事情」。這種法則在世界眼中，必然顯得荒
誕不經。

正心統治下的神聖關係之世界：
2＋2＝5

聖靈謀求共同福祉的寬恕之夢

　　人間最大的挑戰就是不得不去相信世界的法則，而
身體正是為了引誘你如此相信才打造出來的，它的感
官、神經系統、大腦，無一不向人證明，周遭世界不僅
真實，而且足以左右你的人生，它的運作法則神聖不可
侵犯。但是不要忘了，感官從世界搜集的數據，是大腦
加工處理以後，才得出 2＋2＝4 的結論的，就像電腦
只會根據專家編寫的程式來運作一樣，程式一經改寫，
電腦的運作也會隨之改變。不幸的是，只要我們仍覺得

世界的遊戲還玩得下去，就不會想要改變幕後的程式。
直到人生觸礁，才會驀然意識到自己一直都在被一套思
維模式所操控，而那根本不是我們發自真心的願望：

> 身不由己的意志不論如何興風作浪，到了某個
> 程度都會感到難以忍受的。人忍受痛苦的耐力
> 雖高，終究有其限度。遲早，心靈會隱隱地冒
> 出一念：「一定還有更好的途徑才對」。當這
> 一體會愈來愈根深柢固時，便成了人生的轉捩
> 點。這一念終將喚醒人的靈心慧眼，不再像以
> 前那麼堅持肉眼之見。（T-2.III.3:4~8）

唯有到了這一地步，我們才會甘心放下小我束縛人
心的分裂思想和注重個別利益的分裂法則，接受耶穌直
指天堂的一體天律，著眼於共同福祉的靈心慧見，幫助
我們把焦點由身體轉向心靈，這正是奇蹟的宗旨所在：

> 因此，奇蹟的第一步即是把緣起作用由「果」
> 收回，交還給「因」。這一因果混淆成了夢境
> 的溫床；只要你還在夢中，覺醒就成了一件可
> 怕的事。（T-28.II.9:3~4）

奇蹟將我們的注意力從以身體為中心的「**果**」世

界，轉向以心靈為依止的「**因**」世界，由世界的虛幻法則，轉向心靈內那唯一真實的法則。同時，奇蹟也會將我們的特殊關係轉化為神聖關係，教導我們放下小我 $1＋1＝2$ 的法則所打造出「**非此即彼，不能兩全**」的荒謬世界，接受聖靈「**要麼雙贏、要麼雙輸**」的處世原則（T-19.IV. 四 .12:8），那正是天堂 $1＋1＝1$ 法則在人間的倒影。

接下來，回到人間苦難這一主題。不論是自己的痛苦還是社會的困境，一旦看清背後的原因，$1＋1＝1$ 和 $1＋1＝2$ 兩種世界的差異就會昭然若揭。我已解釋過，痛苦的真正起因只有一個，就是我們選擇相信罪咎的存在，暗自期待不公待遇的到來。難怪耶穌特別警告我們：「*當心那讓你認為自己受到不公待遇的誘惑。*」（T-26.X.4:1）在小我的擺佈下，我們樂於被人欺負，這樣就能把自己隱藏的罪咎怪到別人頭上，唯有他們受到懲罰，才能為自己換來清白之名：「*這種心態不過想證明只有你是無辜的，祂們〔上主和基督〕則不是，你想把罪咎套在別人身上。*」（T-26.X.4:2）只有你輸了，我才能贏，這種心態乃是小我輸贏法則的最佳例證。問題是，這個法則試圖解決的問題根本就不存在，我們又

領教了一回小我怪力亂神的本事。

$2+2＝4$ 跟 $2+2＝5$ 的區別，其實就是**怪力亂神**與奇蹟之間的分野。怪力亂神純粹針對外在層面而發，依據的是只在幻相世界才行得通的 $2+2＝4$ 原則；而奇蹟則會一眼看穿幻相的底細，從而「修正」幻相：

> 奇蹟只代表一種修正。它既不創造，也改變不了任何事情。它只是一邊面對人生慘境，一邊提醒人心：它所看到的景象全都虛妄不實。
> （W-PII.十三.1:1~3）

我們無需改變 $2+2＝4$ 的世界，甚至不用操心造出世界的那個小我 $1+1＝2$ 的**思想體系**。真正需要改變的是我們的信念，我們竟然把 $1+1＝2$ 當成了生命實相，還把它投射出 $2+2＝4$ 的世界如此當真。

真正的特殊關係其實只有**一個**，就是心靈的抉擇者跟小我的關係，它才是一切的元兇，這點極其重要；同樣的，神聖關係也只有一個，就是抉擇者跟聖靈的關係，僅此而已。在小我 $2+2＝4$ 的世界中，所有的關係，不論神聖還是特殊，其實都是反映心靈選擇的一個倒影罷了。是故，耶穌在《課程》中一再耳提面命我們

寬恕自己的弟兄，純粹是遷就我們的限度而使用的一種
方便說法（T-25.I.7:4）。只因我們意識不到自己有個心
靈，也不知道心靈是聖靈與小我的居所，當然體會不出
這具肉體的存在純然是一種幻覺，若非特殊關係的投
射，就是神聖關係的延伸，所以耶穌只好遷就一下，**假
裝**承認我們會判斷也會寬恕，會分裂也會結合。不過，
他也不忘提醒，這些人生經驗不過是影射內在狀態的外
在圖像而已（T-21.in.1:5），全是心靈選擇投射或選擇延
伸的結果。在耶穌的苦心教導下，終有一天我們會重新
選擇，躋身於上主之師的行列的：

> 任何人只要決心成為上主之師，他就是。他只
> 需具備一項資格，就是：他在某時某地，以某
> 種形式下定決心，要把別人的福祉與自己的福
> 祉視為同一回事。（M-1.1:1~2）

只要選對了老師，我們便加入了正見的隊伍，成為
一體天律的活見證：

> 上主之律無法直接運行於知見統治的世界，因
> 為這樣的世界不可能出自天心，知見對天心而
> 言也毫無意義。然而，這世界卻又處處反映出

祂的天律。

在這世界，上主之律雖然尚未大化流行，但他
仍有一件完美的事有待完成，仍能作出一個完
美的抉擇。（T-25.III.2:1~2; VI.5:1）

只有作出那個完美的選擇，寬恕自己選擇小我的錯
誤決定，才算是達到了耶穌的期許。我們的心靈終於得
以回歸真理之境了。

結　語

與杜氏筆下憤世嫉俗的地下室人相比，《奇蹟課
程》的解脫之道顯然更富於理性。上主之師雖然堅決否
定世俗 2＋2＝4 的思維，卻充滿慈愛與耐心，絕不摒
棄認同瘋狂世界之人。反之，地下室人則一味批判這蒙
昧世界中的壓迫者，他對「敵人」的誤解，令自己不知
不覺也淪為一個加害者。他其實不必把怒氣發洩在世
界，不論世界有多瘋狂，唯一需要看破和放下的是**他自
己**心中的思維。世人經受的苦難只有一個罪魁禍首，就
是他們對小我馬首是瞻的那個決定，自甘信奉那套分裂

和評判的思想體系，把小我「**非你即我，不能兩全**」的殘酷法則奉為圭臬，靠著犧牲他人福祉、滿足個人私利來完成自己的救恩。足見真正有待修正的是心靈對 1＋1＝2 這一思想體系的認同，而不是它所投射出來 2＋2＝4 的世界。

《奇蹟課程》所教導的**寬恕**和**奇蹟**，描述的是一種知見的轉變，也就是從個別利益的追逐，轉向共同福祉的慧見這一過程。只有這一轉變足以瓦解小我「**非你即我**」的思想體系，否決 2＋2＝4 的世界「**不是痛下殺手，就是坐以待斃**」的陳腐信條。為此，耶穌邀請我們跟他一起正視心中的怨尤，拒絕「不公待遇」的誘惑與蒙蔽（T-26.X.4:1），放下自以為是的種種評判。他還請我們效法他，不再著眼於聖子奧體狀似分裂而歧異的表相，以平等的眼光看待每一個人；因為我們都有同一分裂的心靈，既有小我、聖靈，又有從中抉擇的能力。心靈經此調整，開始匯入上主和聖子的神聖旨意，也就是 1＋1＝1 的天律。為此，我們祈禱：

天父，我以為自己已經遠離了祢的旨意，觸犯了天律，而且自行插入一個威力大於祢旨意的意願。其實，在真理內，我的本來真相就是祢的旨意，由祢延伸而

來，且會繼續推恩下去。這就是我，永遠無法改變。祢
既是「一個」生命，我必然活在這一個生命裡。這是我
在受造之初所作的選擇，在那兒，我的意願與祢的旨意
永遠如一。那個選擇是我永恆的決定。它不可能改變，
也不可能自相矛盾。天父，我的意願就是祢的旨意。我
安全無虞，平靜無擾，活在無盡的喜悅中，因為祢的旨
意願我如此。

今天，我們要誠心接納彼此的一體性，且與我們的
生命源頭合一。在祂的旨意之外，沒有其他的意願存
在，我們都是一個生命，因為我們全都分享了祂的旨
意。透過這旨意，我們才可能認出我們真的是同一個生
命。透過它，我們才可能找到回歸上主之路。（W-329）

奇蹟資訊中心
出版系列：

《奇蹟課程》
（A Course in Miracles）──新譯本

　　《奇蹟課程》是二十一世紀的心靈學寶典，更是近年來各種心理工作坊或勵志學派的靈感泉源。中文版已在 1999 年由若水譯出，並由作者海倫‧舒曼博士所委託的「心靈平安基金會」出版。

　　新譯本乃是根據「心靈平安基金會」2007年所出版的「全集」，也是原譯者若水在「教」「學」本課程十年之後再次出發的精心譯作。全書分為三冊：第一冊：〈正文〉；第二冊：〈學員練習手冊〉；第三冊：〈教師指南〉、〈詞彙解析〉以及〈補編〉的「心理治療」與「頌禱」二文。新譯本網羅了《奇蹟課程》所有的正式文獻，使奇蹟學者從此再無滄海遺珠之憾。（**全書三冊長達 1385 頁**）

《奇蹟課程》
〈學員練習手冊〉新譯本隨身卡

　　《奇蹟課程》第二冊〈學員練習手冊〉共三百六十五課，一日一課地，在力求具體的操練中，轉變讀者看事情的眼光，解開鬱積的心結。

　　若水由十餘年的奇蹟課程教學審譯經驗出發，全面重譯這部曠世經典。新譯版一本經典原文的精確度，語意更為清晰，文句更加流暢。精煉再三的新譯文，吟誦之，琅琅上口，饒富深意，猶如親聆J兄溫柔明晰的論述，每天化解一個心結，同享奇蹟。

　　為方便現代人在忙碌生活中操練每日一課，經三修三校的重譯版，首度以隨身卡形式發行，以頂級銅西卡精印，紙版尺寸 8.5 × 12.6 公分，另有壓克力卡片座供選購。（**全套卡片共 250 張**）

奇蹟課程導讀與教學系列

　　《奇蹟課程》雖是一部自修性的課程，只因它的理論架構博大精深，讀者常易斷章取義而錯失精髓，故奇蹟資訊中心陸續推出若水的導讀系列、米勒導讀，以及一階理論基礎及二階自我療癒DVD、其他演講錄音或錄影教材，幫助讀者逐漸深入這部自成一家之言的思想體系。

若水導讀系列

（一）《創造奇蹟的課程》（**全書 272 頁**）
（二）《生命的另類對話》（**全書 272 頁**）
（三）《從佛陀到耶穌》（**全書 224 頁**）

　　若水在這三冊中，解說《奇蹟課程》的來龍去脈與理論架構，透過問答的形式，說明崇高的寬恕理念如何落實於生活中；最後透過《奇蹟課程》的理念，闡釋佛陀和耶穌這兩位東西方信仰系統的象徵，在實相裡並無境界之別，而只有人心的「小我分裂」與「大我一體」的天壤之隔。

米勒導讀
《奇蹟半生緣》

　　一位慧心獨具卻不得志的記者，三十多歲便受盡「慢性疲勞症候群」的折磨，群醫束手無策，他在走投無路之下，不禁自問：「究竟是誰扣我這一生搞得這麼慘？」

　　《奇蹟課程》讓他看到，自己竟是一切問題的始作俑者。他對這一答覆百般抗拒，直到有位心理治療師對他說：「恭喜你！你若讀得下這本書，大概就不需要心理治療了！」

　　《奇蹟半生緣》全書穿插作者派屈克‧米勒浮沉人生苦海的經歷，但他並不因此獨尊自身的經驗和詮釋，而以記者客觀實証的精神，遍訪散居全美各地的奇蹟講師與學員，甚至傾聽圈外人的質疑。本書可說是一部美國奇蹟團體的成長紀實。（**全書 319 頁**）

奇蹟課程有聲教學教材

　　奇蹟資訊中心歷年發行《奇蹟課程》譯者若水的演講錄音或錄影光碟，將《奇蹟課

程》的抽象理念與現實生活銜接起來，幫助讀者了解《奇蹟課程》的精髓所在，是奇蹟學員不可或缺的有聲輔讀教材，由於教材內容每年不盡相同，欲知詳情，請上網查詢。

www.acimtaiwan.info 奇蹟課程中文網站
www.qikc.org 奇蹟課程中文部簡体網

肯恩實修系列

《奇蹟原則50》

許多讀者久仰《奇蹟課程》之盛名，興沖沖地讀完短短的導言後，就怔忡在一條一條有如天書的「奇蹟原則」之前。讀了後句忘前句，「奇蹟」的概念好似漂浮在字裡行間，始終無法在腦海中落腳，以至於閱讀了一兩頁之後便後繼無力，難以終篇，竟至棄書而逃。

「奇蹟原則」前後五十條，其實是整部課程的濃縮，若無明師指點，讀者通常都不得其門而入。於今多虧奇蹟泰斗肯尼斯旁徵博引，以深入淺出而又幽默的答問形式，將寬恕與奇蹟的精神落實於生活中，為初學者乃至資深學員提供了一個實修的指標。（全書209頁）

《終結對愛的抗拒》

追尋心靈成長的人，學到某個階段往往面臨一個瓶頸：儘管修習多年，一遇到某種挑戰，就不自覺地掉回原地，因而自責不已。問題到底出在哪裡？

佛洛依德在他的臨床經驗中，驚異地發現，病人的潛意識中有「拒絕療癒」的本能，肯尼斯根據《奇蹟課程》的觀點，犀利地剖析人們「拒絕療癒或轉變」的原因，又仁慈地為讀者指出穿越小我迷霧的關鍵，由停滯不前的窘境中突圍。對於追尋心靈成長和平安的人而言，本書不但有提點指撥的功效，更有當頭棒喝的力道。（全書109頁）

《親子關係》

坊間論及親子問題的書籍可謂汗牛充棟，泰半繞在親子關係複雜且微妙的糾結情懷，唯獨肯尼斯・霍布尼克不受表象所惑，借用《奇蹟課程》的透視鏡，澈照出親子之間愛恨交織的真正關鍵。

本書表面上好似在答覆「如何教養子女」、「如何對待成年子女」以及「如何照顧年邁雙親」等具體問題，它其實是為每一個人點出我們在由「身為兒女」，到「照顧兒女」，繼而「照顧雙親」的艱苦過程，以及我們轉變知見時必然經歷的脫胎換骨之痛。（全書238頁）

《性・金錢・暴食症》

在紛紜萬象的世界裡，性、金錢與食物可說是人生問題的「重頭戲」，最易牽動小我的防衛機制，故也最具爭議性。作者肯恩沿用《奇蹟課程》中「形式與內涵」的層次觀念，針對性、金錢等等所引發的光怪陸離現象（形式），揭露它們背後一貫的目的（內涵）── 小我企圖藉無止盡的生理需求，抹滅心靈的存在，加深孤立、匱乏、分裂等受害感，最後連吃飯、賺錢與性交都可能變成一種攻擊的武器。

肯恩與學員的趣味問答，反映出我們日常是如何受制於這些生理需求的；然而，我們也能藉聖靈之助，將現實挑戰化為人生教室，將小我怨天尤人的陰謀，轉為寬恕與結合的工具。（全書196頁）

《仁慈──療癒的力量》

這是一部針對奇蹟教師及資深奇蹟學員的實修指南。全書分上下兩篇，上篇列舉奇蹟學員常有的現象，例如以奇蹟之名攻擊他人，或以善意為由掩蓋自己批判的心態；下篇探討如何用仁慈的眼光來看待自己與他人的缺陷，教我們將自身的限制或缺陷轉為此生的「特殊任務」，在人間活出寬恕的見證，成為聖靈推恩的管道。（全書251頁）

《逃避真愛》

本書是針對道理全懂卻難以突破的資深學員而寫的，它一針見血地指出，綑綁我們修行腳步的，不是世界的黑暗，也非人間的牽絆，而是自己打造出來的一道心牆。

只因我們深怕真愛會消融了自己的特殊性，故把心靈最深的渴望隱藏到心牆之後，與之「解離」，在人間展開一場虛虛實實又自相矛盾的追尋。一邊痛恨小我的束縛，一邊又忙著為小我說項；以至於內心有一部分奮力向前，另一部分則寧可原地觀望。藉著裝傻、扭曲、辯駁，把回歸真愛的單純選擇

渲染成複雜又艱深的學問。

《逃避真愛》溫柔地解除了人心無需有的恐懼，讓我們明白心牆的「不必要」，陪伴我們無咎無懼地跨越過去。（**全書156頁**）

《假如二二得五》

從古至今，多少人心懷救苦救難的大志，傾注一生之力貫徹自身理想，卻往往受現實所圍而終不能也。我們這些凡夫俗子，亦不乏拼搏自救之心，然而在現實面前，還是屢屢敗陣，活得憋屈而無奈。問題究竟出在哪裡？

對此，本書剴切提出：整個世界其實一直按照 $2+2=4$ 的「鐵律」來運作，萬物循著固定的軌跡盈虧盛衰，一切可謂「命中註定」，無怪乎歷史上的種種救世之舉皆以失敗告終。然而，《奇蹟課程》識破世界的詭計，小我既然使出 $2+2=4$ 的苦肉計，它便祭出 $2+2=5$ 的救贖原則，破解小我編織的羅網，溫柔地引領我們走出世界的幻境。本書即是教導我們，如何在貌似 $2+2=4$ 的世界活出 $2+2=5$ 的生命氣象，而且更進一步，迎向天地間唯一真實的等式 $1+1=1$。（**全書171頁**）

肯恩《奇蹟課程釋義》系列

《奇蹟課程序言行旅》

如果說《奇蹟課程》是一首曠世交響曲，《序言》便奠定了整首樂曲的氣質與基調，不僅鋪敘出奇蹟交響樂的關鍵理念，還將讀者提昇到奇蹟形上思想的高度和意境，堪稱《正文行旅》最佳的暖身之作。

肯恩有如一流的樂評家，領著讀者，在宏觀處，領受樂章磅礴的主旋律，在微觀處，諦聽暗藏其中的千百種變奏，致其廣大，盡其精微，深入課程之堂奧，回歸心靈之家園。（**全書121頁**）

《正文行旅》（陸續出版中）

《奇蹟課程》在人類靈性進化史上的貢獻可謂史無前例，而《正文行旅》乃是《奇蹟課程釋義》三部曲的完結篇。肯恩由文學，詩體，音樂三重角度，依循各章節的主題，提供了「重點式」以及「全面性」的導覽，幫助學員深入奇蹟三昧，沉浸於智慧與慈悲之海。

這部行旅可說是肯恩一生教學的智慧結晶，奇蹟學員浸潤日久，必會如他所願：奇蹟，發自心靈，必將流向心靈。（**第一冊335頁**）

《學員練習手冊行旅》（陸續出版中）

整套《奇蹟課程釋義》的問世，可說是無心插柳。1998年起，肯恩應學生之請，為〈學員練習手冊〉做了一系列的講解，基金會將研習錄音增編彙整為逐句詮釋的〈練習手冊行旅〉。此案既定，〈正文行旅〉以及〈教師指南行旅〉應運而生，為奇蹟學員提供了最完整且精闢的修行指針，訂名為《奇蹟課程釋義》，幫助學員將〈正文〉理念架構所引伸出來的教誨，運用到現實生活中。這三部《行旅》，可說是所有踏上奇蹟旅程的學員最貼心的夥伴。

《學員練習手冊行旅》的宗旨，乃是幫助奇蹟學員了解三百六十五課的深意，以及它們在整部課程中的作用。更重要的是，幫助學員將每日一課運用於現實生活中，否則《奇蹟課程》那些震古鑠今之言可謂枉費唇舌，徒然淪為一套了無生命的學說。（**第一冊346頁**）（**第二冊292頁**）（**第三冊234頁**）

《教師指南行旅》（共二冊）

〈教師指南〉是《奇蹟課程》三部書的最後一部，它以「如何才是上主之師」為主軸，提綱挈領地梳理出〈正文〉的核心觀念，全書以提問的形式鋪敘而成，為其他兩部作了最實用的補充。

肯恩在逐句解說〈教師指南〉時，環繞著兩個主題：「個別利益」對照「共同福祉」，以及「向聖靈求助」。因為若不懂得向聖靈求助，我們根本學不會「共享福祉」這門功課。當然，全書也穿插不少副題，如「形式與內涵」、「放下判斷」等等，就像貝多芬的偉大樂章那樣，不時編入數小節旋律，讓主題曲與變奏曲銜接得更加天衣無縫。肯恩說：「我希望藉由本書讓學員看出，耶穌是如何高明地把他的基本訊息串連為一個整體，一如交響樂以主旋律與變奏曲那般交叉呈現、迴旋反覆地將我們領上心靈的旅程。」（**第一冊337頁**）（**第二冊310頁**）

《寬恕十二招》

　　《寬恕十二招》的作者保羅‧費里尼，有鑒於人們的想法與情緒反應模式，早已定型僵化，成了一種「癮」，不是一朝一夕可以化解得掉的。因此，他將《奇蹟課程》的寬恕理念，分解為十二步驟，一步一步地引導我們超越自卑、自責以及過去的創痛，透過自我寬恕而領受天地的大愛。這是所有準備好負起自我治療之責的人必讀的靈修教材，也是曠世靈修經典《奇蹟課程》的輔讀書籍。（全書 110 頁）

《無條件的愛》

　　作者保羅‧費里尼繼《寬恕十二招》之後，另以老莊的散文筆法，細細描述我們每一個人心中都擁有的「無條件的愛」。他由大我的心境出發，以第一人稱的對話方式，直接與讀者進行心與心的交流，喚醒我們心中沉睡已久的愛，開啟那被遺忘的智慧。此書充滿了「醒人」的能量，是陪伴你走過人生挑戰的最好伙伴。（全書 215 頁）

《告別娑婆》

　　宇宙從哪兒來的？目的何在？我究竟是什麼？為什麼會在這裡？我要往哪裡去？我該怎麼活在這個世界裡？當你讀完本書，會有一種「千年暗室，一燈即亮」的領悟。

　　全書以睿智而風趣的對話談當今世局、原子彈爆炸，一直說到真愛、疾病、電視新聞、性問題與股價指數等等，讓我們對複雜詭異的人生百態，頓時生出「原來如此」的會心一笑。它說的雖全是真理，讀起來卻像讀小說一樣精彩有趣，難怪一問世便成了西方出版界的新寵。（全書 527 頁）

《一念之轉》

　　作者拜倫‧凱蒂曾受十餘年的憂鬱症所苦，一天早上，她突然覺悟了痛苦是如何形成以及如何結束的。由此經驗中，她發明了四句問話的「轉念作業」（The Work），引導你由作繭自縛中徹底脫身，是一本足以扭轉你人生的好書。（全書 448 頁，附贈轉念作業個案 VCD）

《斷輪迴》　阿頓與白莎回來了！

　　繼《告別娑婆》走紅之後，葛瑞的生活形態發生重大的轉變，也面臨了更多的挑戰。葛瑞仍是口無遮攔地談八卦、論是非、臧否名流，阿頓和白莎兩位上師在笑談棒喝中，繼續指點葛瑞如何在現實挑戰下發揮真寬恕的化解（undo）功能，徹底瓦解我執，切斷輪迴之根。（全書 279 頁）

《人生畢業禮》

　　本書是保羅與 Raj 在 1991 年的對話記錄。對話日期雖有先後，內涵卻處處玄機，不論由哪一篇起讀，都會將你導入人類意識覺醒的洪流。

　　Raj 借用保羅的處境，提醒所有在人間孤軍奮鬥的人，唯有放下自己打造的防衛措施，才可能在自己的心靈內找到那位愛的導師。也唯有從這個核心出發，我們才會與所有弟兄相通，悟出我們其實是一個生命。（全書 288 頁）

《療癒之鄉》

　　《療癒之鄉》中文版由美國「獅子心基金會」委託台灣「奇蹟資訊中心」出版。

　　作者賓‧葛薩姜把《奇蹟課程》深奧又慈悲的教誨化為一套具體的情緒啟蒙和心靈復健課程，協助犯罪和毒癮的獄友破除心理障礙，學習處理人與人之間的衝突，調整情緒，建立自信，切斷「憤怒→攻擊→憤怒」的惡性循環。《療癒之鄉》陪伴無數受刑人度過獄中歲月。

　　《療癒之鄉》也是為所有困在自己心牢裡的讀者而寫的。世間幾乎沒有一人不曾經歷童年的創傷、外境的壓迫，以及為了生存而形成種種不健康的自衛模式。獄友的心路歷程給予我們極大的啟發，鼓舞我們步上心靈療癒之路。（全書 440 頁）

《我要活下去》

　　這本書不只是一本鼓舞信心的療癒指南，還是一個女人把自己從鬼門關前拉回來的真實故事。

　　作者朱蒂‧艾倫博士（Judy Edwards Allen, Ph.D.）原本是成功的專業顧問、大學教授、大學教科書作者，四十歲那年獲知

罹患乳癌的「噩耗」，反而成為她生命的轉捩點，以清晰、熱情的文筆，記錄了她奮力將原始的求生意念成功地轉化為「康復五部曲」的歷程。讀者會看到她如何軟硬兼施地與醫生打交道，如何背水一戰克服無助感，又如何透過寬恕，喚醒內心沉睡已久的愛與生命力。最後，她終於超越自己對生死的執著，在這一場疾病與療癒的拔河大賽中，獲得了靈性的凱旋。（全書 280 頁）

《時間大幻劇》

人們對於時間，存在著種種截然不同的看法，比如：時間是良藥，可以癒合一切創傷；善惡終有報，只等時候到；時間是無情的殺手，終將剝奪我們的一切……人類早已視時間的存在為天經地義，戰戰兢兢地活在過去的懊悔、現在的焦慮和對未來的恐懼中。我們好似活在一座無形的牢籠裡，苟延殘喘，等待大限的到來。

《奇蹟課程》的泰斗肯恩博士曾說：「不了解時間，不可能讀懂《奇蹟課程》的。」他引經據典，將散落全書有關時間的解說，梳理出一個完整的思想座標，猶如點睛之龍，又如劃破文字叢林的一道靈光，讓我們一窺《奇蹟課程》的究竟堂奧（究竟義）。此書可說是肯恩留給奇蹟資深學員最珍貴的禮物。（全書413頁）

《奇蹟課程誕生》

《奇蹟課程》的來歷究竟有何玄虛？為什麼它選擇經由海倫・舒曼博士來到人間？它的記錄方式及成書過程，與它傳給人類的訊息有何內在關係？有幸親炙此書的我們，又該如何延續奇蹟精神的傳承？

不論你只是好奇《奇蹟課程》的精采傳奇，還是有心以「史」為鑒，窮究奇蹟的傳承精神，本書都提供了最可靠的第一手資料。作者因與茱麗、海倫與比爾等人交往密切，故受這些開山元老之託，冷靜而客觀地梳理《奇蹟課程》的記錄及成書經過，佐以三位奇蹟元老的親筆自白，融鑄成一部信實可徵的《奇蹟課程》誕生史，帶領讀者重新走過五十年前那段精采神奇的心靈歷程。（全書195頁）

《飛越死亡的夢境》

本書榮獲美國出版界著名的「活在當下書籍獎」（Living Now Book Awards），全書以嶄新的視角詮釋曠世靈修經典《奇蹟課程》的教誨，為讀者剴切指出「起死回生」的著力點。

作者特別選取在人間每個角落不時作祟的「死亡陰影」入手，揭露小我抵制永恆生命的伎倆。作者以親身的經歷為奇蹟作證，並且提供了極其實用的反省練習，解除我們潛意識中對死亡的恐懼，為百害不侵的生命本質開啟了一扇門，真愛與喜悅得以流過人間，讓奇蹟成為日常生活裡「最自然的事」。（全書524頁）

國家圖書館出版品預行編目資料

假如二二得五／ 肯尼斯・霍布尼克博士（Kenneth
Wapnick）著；王詩萌、若水譯 -- 初版 -- 台中市：奇
蹟課程・奇蹟資訊中心，民 107.06
　　　面； 　　公分
　　譯自：When 2 + 2 = 5？：reflecting love in a
　　　　　loveless world : the practice of a course in
　　　　　miracles

　ISBN 978-986-95707-3-2（平裝）

　1. 靈修

192.1　　　　　　　　　　　　　　　　107008278

感謝美國F.M.T.女士贊助「肯恩實修系列」之出版

假如二二得五
When 2 + 2 = 5？

作　　者：肯尼斯・霍布尼克博士（Kenneth Wapnick, Ph.D.）
譯　　者：王詩萌　若 水
責任編輯：李安生
校　　對：王詩萌　李安生　黃真真　吳曼慈
封面設計：林春成
美術編輯：陳瑜安工作室
出　　版：奇蹟課程有限公司・奇蹟資訊中心
　　　　　桃園市光興里縣府路 76-1 號
聯絡電話：(04) 2536-4991
劃撥訂購：帳號 19362531　戶名　劉巧玲
網　　址：www.acimtaiwan.info
電子信箱：acimtaiwan@gmail.com

印　　刷：世和印製企業 (02) 2223-3866
經銷代理：聯合發行公司
　　　　　　電話 (02) 2917-8022 # 162
　　　　　　　　 (03) 212-8000 # 335

定　　價：新台幣 240 元
2018 年 6 月初版
2019 年 11 月二刷

ISBN　 978-986-95707-3-2